KB262975

영광스러운

고
난

# 영광스러운

# 고난

권태진 지음

성빛

# Contents

# Contents

## 고난, 세상을 이기게 하는 견고한 사랑 베드로전서 5장

사람은 누구나 고난이 아닌 영광과 평안을 원합니다. 그러나 죄인된 인간은 자신의 의지와 관계없이 생로병사의 길에서 고난을 경험하게 됩니다.

본 설교집은 2018년 주일설교로 선포된 말씀입니다. 하나님은 이 말씀을 통해 성도들의 신앙 성숙과 행복한 삶, 큰 능력을 주셨습니다. 여기에 '영광스러운 고난'과 '죄의 값으로 받는 헛된 고난'이 주는 교훈이 있습니다.

성경은 우리에게 고난의 이유와 그 결과에 대하여 말씀해주십니다. 예수님의 때에, 골고다에 선 세 십자가를 통해서입니다. 한가운데 선 예수님의 십자가는 인간의 죄를 대속하는 십자가입니다. 하나님의 뜻을 이루고 부활의 영광을 얻게 하는 승리의 십자가입니다. 그리고 좌우의 십자가에는 두 강도가 달렸습니다.

우측에 달린 강도의 십자가는 자신의 죄를 깨닫고 회개하여 예수 님을 믿음으로 구원을 받는 십자가가 되었습니다. 그러나 좌측에 달 린 강도의 십자가는 죄로 인해 죽어가면서도 예수님을 조롱하고, 자 신의 죄를 깨닫지 못해 영원한 멸망의 길로 가는 형벌의 십자가가 되었습니다.

육신의 눈으로 보기에는 세 십자가가 동일해 보일 수 있습니다. 그러나 그 내면의 세계에는 천국과 지옥만큼의 차이가 있습니다. 세 상은 이 세 종류의 사람이 공존하며 살아갑니다. 어떤 이는 천국의 길로, 어떤 이는 지옥의 길로 갑니다.

베드로 사도와 그의 편지를 받은 성도의 고난은 영광스러운 고난입니다. 하나님의 나라를 기업으로 받은 자의 의를 위한 복된 고난입니다. "의를 위하여 박해를 받은 자는 복이 있나니" 마5:10

박해를 받아도 그 박해는 영원한 천국의 상급이라는 매우 값진 열매를 맺습니다. 예수님의 부활을 믿는 자는 성령의 은혜를 받은 사람입니다. 사람이 보기엔 어리석지만 하나님의 사랑으로 사는 능력자입니다.

이 설교를 들은 성도들은 산 소망이 생겼고, 인생을 깊이 깨닫는 분별력과 지혜를 가지고 일천일 기도에 참여했으며, 행복했습니다.

이 말씀은 우리가 가는 길의 이정표가 되어 행복한 여행을 결정하게 할 것입니다.

창립 42주년을 맞이해 책을 발간하게 되어 더욱 뜻깊고 기념이 됩니다. 늘 신령한 가족으로 동행하는 사랑하는 성도들, 사랑하는 아내와 가족들, 설교를 발췌하여 엮은 부교역자들과 부속실, 수고한 이들에게 감사를 표하며 모든 영광을 하나님께 돌립니다. 할렐루야! 사랑합니다.

2020년 10월 15일

송암 **권 태 진** 목사

# 고난, 산 소망을 주시는 은혜

베드로전서 1장

# 산
# 소망을
# 가지라

01

Message

베드로전서 1:1-5

1 예수 그리스도의 사도 베드로는 본도, 갈라디아, 갑바도기아, 아시아와 비두니아에 흩어진 나그네 2 곧 하나님 아버지의 미리 아심을 따라 성령이 거룩하게 하심으로 순종함과 예수 그리스도의 피 뿌림을 얻기 위하여 택하심을 받은 자들에게 편지하노니 은혜와 평강이 너희에게 더욱 많을지어다 3 우리 주 예수 그리스도의 아버지 하나님을 찬송하리로다 그의 많으신 긍휼대로 예수 그리스도를 죽은 자 가운데서 부활하게 하심으로 말미암아 우리를 거듭나게 하사 산 소망이 있게 하시며 4 썩지 않고 더럽지 않고 쇠하지 아니하는 유업을 잇게 하시나니 곧 너희를 위하여 하늘에 간직하신 것이라 5 너희는 말세에 나타내기로 예비하신 구원을 얻기 위하여 믿음으로 말미암아 하나님의 능력으로 보호하심을 받았느니라

☀

우리의 가치는 소속에 따라 달라집니다.

어디에 속해있느냐에 따라 대우와 가치가 다릅니다.

심지어 물건도 누구의 것이냐에 따라 값어치가 다릅니다.


☀

예수님의 제자들에게는 누림이 있습니다.

예수님은 갈릴리 바다에서 제자들을 부르셨습니다.

"예수께서 이르시되 나를 따라오라

내가 너희로 사람을 낚는 어부가 되게 하리라" 막1:17

그들로 사람 낚는 어부가 되게 하리라 말씀했고

이제 *그*들은 예수님의 제자가 되었습니다.


복음을 전하고 말씀을 가르치다

박해를 받기도 했습니다.

주후 63년경 베드로는

로마에서 베드로전서를 기록했습니다.

☀

그는 예수님을 만나기 전 어부였습니다.

그는 부르심에 응함으로 제자가 되었고,

말씀에 순종함으로 수제자의 칭호를 얻었으며

큰 권세를 얻었습니다.

"무서워하지 말라 이제 후로는 네가 사람을 취하리라 하시니

그들이 배들을 육지에 대고 모든 것을 버려 두고

예수를 따르니라" 눅5:10b-11


☀

베드로는 주님의 말씀이라면

모든 것을 버릴 줄 아는 사람입니다.

예수님을 따르려면 배와 그물,

함께 일하는 사람, 부모님까지도 뒤로 해야 합니다.

제자의 첫걸음은 떠남과 버림에서 시작됩니다.

하나님은 믿음의 조상 아브라함에게도

제일 먼저 요구하신 것이 떠남이었습니다.

육성과 인정, 구습이 지배하는 곳을 떠나야 합니다.

"여호와께서 아브람에게 이르시되

너는 너의 고향과 친척과 아버지의 집을 떠나

내가 네게 보여 줄 땅으로 가라" 창12:1

모세의 지팡이가 되려면
잘라져야 합니다.
믿음의 조상이 되려면
떠나야 합니다.
비움은 채움의 시작입니다.
떠남은 따름의 시작입니다.

베드로는 예수님을 잘 따랐습니다.

열정을 가지고 따름으로 진리를 깨달았습니다.

그는 예수님을 살아계신 하나님의 아들이라 고백했습니다.

예수님을 바르게 고백한 베드로는 복 있는 사람입니다.

"바요나 시몬아 네가 복이 있도다

너는 베드로라 내가 이 반석 위에 내 교회를 세우리니

음부의 권세가 이기지 못하리라" 마16:17,18

음부의 권세가 지배하는 시대에 이길 수 있는 권세와

많은 사람을 구원할 능력을 주셨습니다.

"내가 천국 열쇠를 네게 주리니

네가 땅에서 무엇이든지 매면 하늘에서도 매일 것이요

네가 땅에서 무엇이든지 풀면 하늘에서도 풀리리라" 마16:19

베드로는 흩어진 나그네들을 위로합니다.

하나님은 베드로를 사도로 부르시고

흩어져 신앙을 지키는 이들에게 편지를 써 복음을 전하게 했습니다.

그 당시에는 예수를 믿다가 세상의 박해를 피해

고향을 떠난 이들이 많았습니다.


그늘을 향한 하나님의 권심은 베드로를 통해 전달되었습니다.

지금도 갈라디아, 갑바도기아, 아시아, 비두니아, 터키 지역 등에는

그때 신앙을 지키기 위해 숨어 살았던 흔적들이 남아있습니다.

우리의 인생은 어느 유행가 가사처럼 나그네 길 같습니다.

이 땅에서 영원히 살지 못합니다.

삶은 태중에서 10개월, 이 땅에서 길어야 100년입니다.

그러나 천국에서는 영원히 삽니다.

이 땅은 본향 가는 길에 있는 휴게소에 불과합니다.

"사랑하는 자들아 거류민과 나그네 같은

너희를 권하노니" 벧전2:11a

사랑을 받아 택하심을 입은 것을 축하드립니다.

"곧 하나님 아버지의 미리 아심을 따라 성령이 거룩하게 하심으로

순종함과 예수 그리스도의 피 뿌림을 얻기 위하여

택하심을 받은 자들에게 편지하노니

은혜와 평강이 너희에게 더욱 많을지어다" 벧전1:2

하나님의 관심은 택함을 받은 자들에게 있습니다.


우리에게 소속의 누림이 있다면, 소속적 박해도 있습니다.

"내가 너희를 세상에서 택하였기 때문에

세상이 너희를 미워하느니라" 요15:19b

마귀는 하나님이 택한 자를 미워합니다.

박해가 있고 미움을 받아도 예수님의 반열에서

십자가를 통하여 부활의 영광을 이루시길 바랍니다.

성령으로 믿음이 생기고 성장합니다.

오직 성령에 의해 모든 것이 이루어집니다.

예수님의 잉태도, 교회의 시작도 모두 성령으로 가능했습니다.

"사랑하는 자들아 너희는 너희의 지극히 거룩한 믿음 위에

자신을 세우며 성령으로 기도하며" 유1:20

능력은 성령을 통해 임합니다.

성령이 임하시면 권능을 받아 예루살렘과 온 유대와

사마리아와 땅 끝까지 이르러 주님의 증인이 됩니다.


성령을 받기 원한다면 회개가 먼저입니다.

회개하여, 예수 그리스도의 이름으로 세례를 받고

죄사함을 받읍시다.

회개한 사람에게 성령의 선물을 주시고

회개한 사람을 통해 성령의 임재와 능력이 나타납니다.

성령이 주시는 마음을 가지고

심령에 천국을 이루어봅시다.

오직 부활의 신앙으로 믿음이 견고해집니다.
"우리 주 예수 그리스도의 아버지 하나님을 찬송하리로다
그의 많으신 긍휼대로 예수 그리스도를 죽은 자 가운데서
부활하게 하심으로 말미암아 우리를 거듭나게 하사
산 소망이 있게 하시며" 벧전1:3
박해를 피해 흩어진 나그네들은
오직 영생을 추구했습니다.
예수 그리스도의 부활에 참여하기 위해
오직 산 소망이 필요합니다.

하나님은 베드로를 통해

부활의 산 소망을 알려주었습니다.

부활의 신앙은 모든 것을 초월할 수 있는 능력,

순교까지 할 수 있는 능력을 입게 합니다.

부활의 신앙을 가지면 찬송과 기도가 호흡이 됩니다.

희망이 넘칩니다.

산 소망을 가진 자는 새로운 세계를 체험합니다.

"주를 향하여 이 소망을 가진 자마다

그의 깨끗하심과 같이 자기를 깨끗하게 하느니라" 요일3:3

산 소망이 없는 곳에서는 예수님의 흔적을 지우려 합니다.

세상의 곳곳에서는 예수님의 이름으로 세워진

기독교 언론, NGO, 병원, 학교, 복지 기관에서조차

복음을 전하는 것을 막고 있습니다.

우리는 어둠의 주관자들이 막아놓은 것을 헐어버려야 합니다.

☀

우리의 삶은 영원히 행복합니다.

"썩지 않고 더럽지 않고 쇠하지 아니하는 유업을 잇게 하시나니

곧 너희를 위하여 하늘에 간직하신 것이라" 벧전1:4

"오직 너희를 위하여 보물을 하늘에 쌓아 두라"는 말씀처럼

우리는 영원한 부자의 반열에 서 있습니다.

천국 백성으로 부르심을 받아

큰 영광과 행복을 얻었습니다.


☀

말세의 혼돈과 박해 속에서도

하나님의 능력으로 보호받기를 바랍니다.

"너희는 말세에 나타내기로 예비하신 구원을 얻기 위하여

믿음으로 말미암아 하나님의 능력으로

보호하심을 받았느니라" 벧전1:5

믿음으로 보호받는 그 영광의 길에서 행복을 노래합시다.

할렐루야!

말씀의
약속을
믿으라

Message

02

Message

베드로전서 1:6-12

**6** 그러므로 너희가 이제 여러 가지 시험으로 말미암아 잠깐 근심하게 되지 않을 수 없으나 오히려 크게 기뻐하는도다 **7** 너희 믿음의 확실함은 불로 연단하여도 없어질 금보다 더 귀하여 예수 그리스도께서 나타나실 때에 칭찬과 영광과 존귀를 얻게 할 것이니라 **8** 예수를 너희가 보지 못하였으나 사랑하는도다 이제도 보지 못하나 믿고 말할 수 없는 영광스러운 즐거움으로 기뻐하니 **9** 믿음의 결국 곧 영혼의 구원을 받음이라 **10** 이 구원에 대하여는 너희에게 임할 은혜를 예언하던 선지자들이 연구하고 부지런히 살펴서 **11** 자기 속에 계신 그리스도의 영이 그 받으실 고난과 후에 받으실 영광을 미리 증언하여 누구를 또는 어떠한 때를 지시하시는지 상고하니라 **12** 이 섬긴 바가 자기를 위한 것이 아니요 너희를 위한 것임이 계시로 알게 되었으니 이것은 하늘로부터 보내신 성령을 힘입어 복음을 전하는 자들로 이제 너희에게 알린 것이요 천사들도 살펴 보기를 원하는 것이니라

베드로는 신앙을 지키기 위해 본도, 갈라디아,

갑바도기아, 비두니아, 아시아, 지금의 터키 지방에

흩어져 있는 이들에게 편지했습니다.

힘겹게 나그네로 신앙생활 하는 이들에게

부활의 사건을 들려주며 산 소망을 가지도록 했습니다.

우리가 하나님으로부터 받은 것은 은혜요, 그 누림은 평강입니다.


은혜로 구원을 받은 것이라 ________________


우리는 구원을 받았습니다.

"허물로 죽은 우리를 그리스도와 함께 살리셨고

(너희는 은혜로 구원을 받은 것이라)" 엡2:5

우리는 구원을 이루어갑니다.

"나의 사랑하는 자들아 너희가 나 있을 때뿐 아니라

더욱 지금 나 없을 때에도 항상 복종하여

두렵고 떨림으로 너희 구원을 이루라" 빌2:12

우리는 끝까지 견딤으로 구원을 받을 것입니다.

"또 너희가 내 이름으로 말미암아 모든 사람에게

미움을 받을 것이나 끝까지 견디는 자는 구원을 받으리라" 막13:13

모든 구원은 예수 그리스도가
하나님의 아들임을 믿는 믿음에서 시작됩니다.
신분의 변화와 삶의 변화, 상급과 누림은
오직 믿음에서 나옵니다.


많은 박해 속에서도 신앙을 지킬 수 있는 힘은
믿는 자에게 임하는 하나님의 능력과 보호였습니다.
믿음은 능력입니다.
"예수께서 이르시되 할 수 있거든이 무슨 말이냐
믿는 자에게는 능히 하지 못할 일이 없느니라" 막9:23

예수님이 공생애 기간에
여러 곳에서 천국 복음을 전파하실 때였습니다.
한 사람이 와서 꿇어 엎드려 말했습니다.
"주여 내 아들을 불쌍히 여기소서
그가 간질로 심히 고생하여
자주 불에도 넘어지며 물에도 넘어지는지라
내가 주의 제자들에게 데리고 왔으나
능히 고치지 못하더이다" 마17:15-16
예수님은 대답하셨습니다.
"믿음이 없고 패역한 세대여
내가 얼마나 너희와 함께 있으며
얼마나 너희에게 참으리요
그를 이리로 데려오라" 마17:17

예수님의 책망은 예수님과 함께 하면서도

믿음이 없는 제자들을 향한 것이었습니다.

예수님을 수년간 믿었음에도 이단의 한 마디에 넘어가고,

세상의 문화에 빠져가는 목사, 장로, 모태신앙인,

믿음이 있다고 말하는

지금 우리를 향한 책망일 수도 있습니다.

제자들은 고치지 못했지만

예수님은 아들을 데려오라 하시고

귀신을 꾸짖어 나가게 했습니다.

예수님만이 해결하십니다.

성경으로 돌아가야 귀신을 이길 수 있습니다.

귀신의 특징은, 자기 몸을 상하게 합니다.

귀신은 환경을 병들게 합니다.

사랑하는 자에게 고통을 줍니다.

육체도 귀신이 들어오면 병으로 고생하듯이

교회에도 귀신이 들어오면

불 같은 시험, 물 같은 시험이 옵니다.

원망, 불평, 분쟁, 당을 짓는 것은 귀신의 역사입니다.


문제를 해결하지 못하는 이유는 믿음이 작은 까닭입니다.

"이르시뇌 너희 믿음이 작은 까닭이니라

진실로 너희에게 이르노니

만일 너희에게 믿음이 겨자씨 한 알 만큼만 있어도

이 산을 명하여 여기서 저기로 옮겨지라 하면 옮겨질 것이요

또 너희가 못할 것이 없으리라" 마17:20

☀

믿음 때문에 오는 잠깐의 근심과 여러 가지 시험이 있습니다.

"그러므로 너희가 이제 여러 가지 시험으로 말미암아

잠깐 근심하게 되지 않을 수 없으나

오히려 크게 기뻐하는도다" 벧전1:6

우리에게는 여러 가지 시험이 옵니다.

주일성수를 못하게 하고,

우상, 쾌락, 타락한 권력, 음식, 문화로 유혹하며

경제적으로도 많은 어려움을 겪습니다.

예수님도 금식 후 배고플 때 사탄이 찾아와 시험했습니다,

믿음 때문에 시험이 온다면

산 믿음이 있다는 증거입니다.

행함이 없는 믿음은 죽은 믿음입니다.

죽은 사람이 아무 반응도 하지 않는 것 같이

행함이 없는 믿음은 아무런 반응도, 근심도, 시험도 없습니다.


시험이 온다면, 예수님을 바라보세요.

1939년 주기철 목사님은 신사참배를 거부함으로

노회에서 파면을 당했고 옥고와 모진 고문으로 순교했습니다.

이것이 믿음 때문에 오는 시험입니다.

그분이 신사참배를 했다면 수난을 당하지 않았을 것입니다.

☀

토마스 선교사는 조선에 와서 복음을 전하려다가
대동강변에서 죽임을 당했습니다.
지금도 중국, 북한 등에서 크리스천들이 수난 당함은
믿음으로 인한 것입니다.


☀

믿음 때문에 오는 수난은
오히려 크게 기뻐할 일이 찾아옵니다.
믿음을 키워주는 유익이 있습니다.
금보다 귀한 믿음을 주시는 역사가 있습니다.
"너희 믿음의 확실함은
불로 연단하여도 없어질 금보다 더 귀하여
예수 그리스도께서 나타나실 때에
칭찬과 영광과 존귀를 얻게 할 것이니라" 벧전1:7

믿음의 확실함으로
하나님의 살아계신 역사를
체험할 수 있습니다.


믿음을 지키려고 모든 것을 버리고
본토 친척 아버지 집과 고향을 떠난 이들은
세상의 문화를 누리지 못했습니다.
그러나 예수 그리스도께서 나타나실 때에
칭찬과 영광과 존귀를 얻게 할 것입니다.

☀️

악인에게 칭찬받는다면

악인과 통하는 것이 있다는 말입니다.

예수님께 칭찬받으면 세상에서 박해를 받습니다.

어둠이 빛을 싫어함 같이

세상은 예수님과 진리와 성도와 교회를 싫어합니다.


"그들은 세상에 속한 고로 세상에 속한 말을 하매

세상이 그들의 말을 듣느니라

우리는 하나님께 속하였으니

하나님을 아는 자는 우리의 말을 듣고

하나님께 속하지 아니한 자는

우리의 말을 듣지 아니하나니

진리의 영과 미혹의 영을 이로써 아느니라" 요일4:5-6

주님께 칭찬과 존귀를 받기를 축원합니다.

예수님을 보지 못하고도 믿고,

사랑하고, 존귀히 여기는 자는

즐거움과 기쁨에 참여하는 복이 있습니다.

"믿음의 결국 곧 영혼의 구원을 받음이라" 벧전1:9

영혼 구원은 속사람의 구원이며,

영원한 생명을 얻는 길입니다.

육체는 흙으로 갈지라도

영혼은 구원을 받습니다.

"이 구원에 대하여는
너희에게 임할 은혜를 예언하던 선지자들이
연구하고 부지런히 살펴서 자기 속에 계신 그리스도의 영이
그 받으실 고난과 후에 받으실 영광을 미리 증언하여
누구를 또는 어떠한 때를 지시하시는지 상고하니라" 벧전1:10-11


구약 선지자들의 기록을 살펴보면
택한 백성을 어떻게 구원했는지, 어떻게 보호했는지,
어느 때에 보호했는지를 알 수 있습니다.
그 말씀을 부지런히 연구하고 살펴야 합니다.
하나님은 사자굴을 준비하여 다니엘을 보호했습니다.
표면적으로 보기에는 다니엘이 죽을 것 같았지만
그 사자굴이 원수를 갚는 길, 보호받는 길,
하나님의 살아계심을 보이는 길이었습니다.

사사 시대에 아람 왕이

선지자 엘리사를 잡으려고 도단에 군사를 보냈습니다.

성읍을 에워싼 수많은 군사를 보고

엘리사의 사환이 탄식했습니다.

"하나님의 사람의 사환이 일찍이 일어나서 나가보니

군사와 말과 병거가 성읍을 에워쌌는지라

그의 사환이 엘리사에게 말하되

아아, 내 주여 우리가 어찌하리이까 하니

대답하되 두려워하지 말라

우리와 함께 한 자가

그늘과 함께 한 자보다 많으니리" 왕하6:15-16

이 말씀은 우리에게 주신 것입니다.

하나님은 지금도 살아서 역사하십니다.
"하늘로부터 보내신 성령을 힘입어
복음을 전하는 자들로 이제 너희에게 알린 것이요
천사들도 살펴 보기를 원하는 것이니라" 벧전1:12b


성령의 역사로 인해 시대가 깨달아지고
빛이 있으므로 출구가 보입니다.

사랑하는 자여! 환경을 보고 염려하지 마세요.

말씀을 믿고 기도하고 성령의 능력을 힘입어

하나님의 군대를 보길 바랍니다.

지금도 하나님이 우리와 함께하심을 보길 바랍니다.

우리 대한민국은 하나님의 천군과 천사가 지키십니다.


36년간의 일제 통치도, 6.25전쟁도

기독교와 우리 민족을 이기지 못했습니다.

"두려워하지 말라 내가 너와 함께 함이라

놀라지 말라 나는 네 하나님이 됨이라

내가 너를 굳세게 하리라 참으로 너를 도아 주리라

참으로 나의 의로운 오른손으로 너를 붙들리라" 사41:10

내가 너와 함께 하리라는 말씀을 믿고

오직 믿음으로 승리하시길

주의 이름으로 축원합니다. 할렐루야!

뜨겁게
서로
사랑하라

Message

03

베드로전서 1:13-25

13 그러므로 너희 마음의 허리를 동이고 근신하여 예수 그리스도께서 나타나실 때에 너희에게 가져다 주실 은혜를 온전히 바랄지어다 14 너희가 순종하는 자식처럼 전에 알지 못할 때에 따르던 너희 사욕을 본받지 말고 15 오직 너희를 부르신 거룩한 이처럼 너희도 모든 행실에 거룩한 자가 되라 16 기록되었으되 내가 거룩하니 너희도 거룩할지어다 하셨느니라 17 외모로 보시지 않고 각 사람의 행위대로 심판하시는 이를 너희가 아버지라 부른즉 너희가 나그네로 있을 때를 두려움으로 지내라 18 너희가 알거니와 너희 조상이 물려 준 헛된 행실에서 대속함을 받은 것은 은이나 금 같이 없어질 것으로 된 것이 아니요 19 오직 흠 없고 점 없는 어린 양 같은 그리스도의 보배로운 피로 된 것이니라 20 그는 창세 전부터 미리 알린 바 되신 이나 이 말세에 너희를 위하여 나타내신 바 되었으니 21 너희는 그를 죽은 자 가운데서 살리시고 영광을 주신 하나님을 그리스도로 말미암아 믿는 자니 너희 믿음과 소망이 하나님께 있게 하셨느니라 22 너희가 진리를 순종함으로 너희 영혼을 깨끗하게 하여 거짓이 없이 형제를 사랑하기에 이르렀으니 마음으로 뜨겁게 서로 사랑하라 23 너희가 거듭난 것은 썩어질 씨로 된 것이 아니요 썩지 아니할 씨로 된 것이니 살아 있고 항상 있는 하나님의 말씀으로 되었느니라 24 그러므로 모든 육체는 풀과 같고 그 모든 영광은 풀의 꽃과 같으니 풀은 마르고 꽃은 떨어지되 25 오직 주의 말씀은 세세토록 있도다 하였으니 너희에게 전한 복음이 곧 이 말씀이니라

사람이 살아가면서 가장 듣고 싶은 말은 무엇일까요?

"사랑합니다"

사랑한다는 고백이 아닐까 합니다.


부모님이 자녀를 사랑하는 방법은 때에 따라 다릅니다.

어릴 때는 무조건적인 사랑을 줍니다.

울면 젖을 주고, 누워서 실례를 해도 이해하고 기다립니다.

그러나 시간이 흘러 학생이 되면 공부하기를 요구하고,

성인이 되면 자신의 직업을 가지고 경제활동을 하기를 바라며

가정을 이루고 행복하게 살기를 원합니다.

때로는 그 요구가 부담스러울 수 있지만

부모님의 동기는 사랑입니다.

사랑하기 때문에 자녀가 잘 되기를 바라고

그 길을 가르쳐줍니다.

그 마음을 헤아리면

너무나도 귀한 사랑을 받고 있음을 깨닫습니다.

☀

하나님의 사랑의 방법도

사람에 따라, 때에 따라 매우 다양합니다.

성경에서 부탁하는 말씀은

우리의 미래를 위해,

천국에서 영생복락을 누리게 하기 위해 주신 말씀입니다.

하나님의 사랑을 받는 사람은

하나님의 자녀로서 존귀한 신분을 얻고,

행복한 삶을 삽니다.


☀

베드로 사도의 편지는 믿음으로 구원받은 사람,

주님을 위해 고향을 버리고

세상의 문화를 누리지 못한 채 살아가는

흩어진 나그네들이 대상입니다.

또한 이 말씀은 예수님을 믿고, 말씀을 사모하고

교회에 출석하여 예배하는 우리를 향한

메시지이기도 합니다.

-☀-

크리스천이라면 믿음에서 그치는 것이 아니라
믿음이 장성하여 그리스도가 가신 길을 가야 합니다.
사람으로 태어났으면
좋은 사람이 되어야 하듯이
성숙한 크리스천이 되고자 항상 노력해야 합니다.

-☀-

사명을 감당할 때의 자세입니다.
"너희 마음의 허리를 동이고 근신하여
예수 그리스도께서 나타나실 때에
너희에게 가져다 주실 은혜를 온전히 바랄지어다" 벧전1:13
마음이 요동치 않게 해주시는 말씀입니다.

우리에게 주실 은혜를 온전히 바라고

주님이 주실 승리, 천국의 소망을 믿어야 합니다.

예수님은 우리가 살던 방식을 버리고

그때의 사욕을 따르지 않고

행실을 거룩하게 하는 자녀가 되길 바라십니다.


성도가 거룩해야 함은

하나님과 동질이 되어야 하기 때문입니다.

성도는 성령으로 거룩해집니다.

"너희가 순종하는 자식처럼

전에 알지 못할 때에 따르던 너희 사욕을 본받지 말고

오직 너희를 부르신 거룩한 이처럼

너희도 모든 행실에 거룩한 자가 되라" 벧전1:14-15

하나님은 우리를 외모로 보지 않으시고
행위대로 심판하시고 갚아주십니다.
"기록되었으되 내가 거룩하니 너희도 거룩할지어다 하셨느니라
외모로 보시지 않고 각 사람의 행위대로 심판하시는 이를
너희가 아버지라 부른즉 너희가 나그네로 있을 때를
두려움으로 지내라" 벧전1:16-17


공의의 하나님을 아버지로 부르는 신분이 되었으나
그 삶은 나그네입니다.
구원의 확신이 없으면
신앙생활이 고통스럽고 갈등합니다.
그러나 구원의 확신이 있으면
항상 기쁨, 범사에 감사, 쉬지 않고 기도하는 삶을 삽니다.
하루하루의 삶이 행복이고 감사입니다.
역사 속에서 하나님의 약속이 성취되는 것을 볼 때마다
더욱 믿음의 확신이 생깁니다.
범사에 감사가 호흡이 됩니다.

나그네로 있을 때를

두려움으로 지내야 합니다.

두려움으로 지내라는 말은

늘 깨어있으라는 것입니다.

"그러므로 나의 사랑하는 자들아

너희가 나 있을 때뿐 아니라

더욱 지금 나 없을 때에도

항상 복종하여 두렵고 떨림으로

너희 구원을 이루라" 빌2:12

말씀과 하나님의 뜻에 복종하며

성화를 이루면서 살라는 말씀입니다.

우리의 구원은 은과 금처럼 없어질 것으로 받은 것이 아니라

흠 없고 점 없는 어린 양 같은

그리스도의 보배로운 피로 된 것입니다.

피는 생명입니다.

우리는 예수님의 생명으로 구원을 받았습니다.

예수님의 생명을 가볍게 여기지 말아야 합니다.

그 약속은 창세로부터 있었으며

그것이 말세에 예수 그리스도로부터 나타납니다.

"너희는 그를 죽은 자 가운데서 살리시고

영광을 주신 하나님을 그리스도로 말미암아 믿는 자니

너희 믿음과 소망이 하나님께 있게 하셨느니라" 벧전1:21


부활의 주님을 믿는 우리는

성경적 세계관을 가져야

균형 잡힌 신앙을 유지할 수 있습니다.

하나님만이 온전히 믿을 수 있는 분이며,

그 나라를 향한 소망이 참 아름답습니다.

세상을 지배하는 영은 공중의 권세 잡은 어둠의 영이며

사람과 환경, 자신의 기능과 배경 등을 의지하게 합니다.

"여호와께서 이와 같이 말씀하시니라

무릇 사람을 믿으며 육신으로 그의 힘을 삼고

마음이 여호와에게서 떠난 그 사람은 저주를 받을 것이라

그는 사막의 떨기나무 같아서 좋은 일이 오는 것을 보지 못하고

광야 간조한 곳, 건건한 땅, 사람이 살지 않는 땅에 살리라"

렘17:5-6


사랑하는 이여, 누구를, 무엇을 믿고 의지합니까?

지금도 힘겹게 삶을 견디며

눈물의 기도를 드리는 사람이 있을 것입니다.

그러나 끝까지 하나님을 의지하고 기도하면

하나님은 그 고난 속에서도

더 좋은 가정, 더 좋은 성도가 되게 하는

은혜를 주실 것입니다.

"그러나 무릇 여호와를 의지하며

여호와를 의뢰하는 그 사람은 복을 받을 것이라

그는 물 가에 심어진 나무가 그 뿌리를 강변에 뻗치고

더위가 올지라도 두려워하지 아니하며

그 잎이 청청하며 가무는 해에도 걱정이 없고

결실이 그치지 아니함 같으리라"

렘17:7-8

## 마음으로 뜨겁게 서로 사랑하라

마음으로 뜨겁게 사랑할 수 있는 능력을 받길 바랍니다.
"너희가 진리를 순종함으로 너희 영혼을 깨끗하게 하여
거짓이 없이 형제를 사랑하기에 이르렀으니
마음으로 뜨겁게 서로 사랑하라" 벧전1:22
베드로는 흩어진 나그네들의 신앙을 인정했습니다.

영혼을 깨끗이 하려면
진리에 순종해야 합니다.
영혼이 깨끗해지면
거짓 없는 형제 사랑을 할 수 있습니다.

제일 먼저는 예수님을 구주로 믿고
회개하여 성령을 받아야 합니다.
"베드로가 이르되 너희가 회개하여
각각 예수 그리스도의 이름으로
세례를 받고 죄 사함을 받으라
그리하면 성령의 선물을 받으리니" 행2:38


사랑이신 하나님과의 관계가 회복될 때
사랑할 수 있습니다.

☀

예수님은 진리이십니다.

"예수께서 이르시되 내가 곧 길이요 진리요 생명이니

나로 말미암지 않고는 아버지께로 올 자가 없느니라" 요14:6

가정이 깨끗하고 희망이 있으려면

부부는 사랑하고

부모님께 주 안에서 효도하고

자녀를 하나님의 말씀으로 양육해야 합니다.

남을 나보다 낫게 여기며

남자와 여자는 사랑으로 가정을 이루는 것이 진리입니다.


☀

참사랑은 진리 안에 있습니다.

예수님 닮은 불변의 사랑입니다.

참사랑은 어려울 때 함께 기도합니다.

거짓 사랑은 사랑하다가도

상대가 어려움을 당하면 외면합니다.

짐처럼 여기고 헤어질 준비부터 하며

하나님을 원망합니다.

하나님의 사랑에 접해야 중단 없이
마음으로 뜨겁게 서로 사랑할 수 있습니다.
하나님은 사랑이시라,
그 능력에 접하면 변함없이 사랑할 수 있습니다.
행복한 자가 상대를 행복하게 할 수 있고
가진 자가 줄 수 있는 것처럼
내가 그 사람을 사랑한다면
복음을 줄 수 있어야 합니다.

☀

우리가 동성애를 반대하는 것은

그들을 사랑하기 때문입니다.

그 사람을 사랑하고 인권을 존중하지만

그들의 행위는 반대합니다.

창조의 원리를 믿지 않으면

거짓 사랑이 될 수밖에 없습니다.


☀

다른 것은 포기해도 신앙은 포기하지 말아야 합니다.

다른 것은 소홀히 해도 예배 시간만은 꼭 지켜야 합니다.

예배 시간은 주님을 만나고 에너지를 얻는 시간입니다.

"너희가 거듭난 것은 썩어질 씨로 된 것이 아니요

썩지 아니할 씨로 된 것이니 살아 있고

항상 있는 하나님의 말씀으로 되었느니라" 벧전1:23

육신의 것을 잃어버리면 조금 잃어버리는 것이지만

하나님을 잃어버리면 영원을 잃어버리는 것입니다.

"그러므로 모든 육체는 풀과 같고

그 모든 영광은 풀의 꽃과 같으니

풀은 마르고 꽃은 떨어지되

오직 주의 말씀은

세세토록 있도다 하였으니

너희에게 전한 복음이 곧 이 말씀이니라" 벧전1:24-25


주님이 주시는 말씀을 따르면

영원히 살 수 있습니다.

진리에 순종하고 사랑이 있으면

모든 것을 극복할 수 있습니다.

불편함도 극복하고 가정도 회복됩니다.

사랑이 있으면 상대를 배려합니다.

주 안에서 온전한 자유가 있기를

주의 이름으로 축원합니다.

할렐루야!

# 고난, 날로 거룩해지는 기회

베드로전서 2장

# 넘어짐을
피하라

베드로전서 2:1-10

1 그러므로 모든 악독과 모든 기만과 외식과 시기와 모든 비방하는 말을 버리고 2 갓난 아기들 같이 순전하고 신령한 젖을 사모하라 이는 그로 말미암아 너희로 구원에 이르도록 자라게 하려 함이라 3 너희가 주의 인자하심을 맛보았으면 그리하라 4 사람에게는 버린 바가 되었으나 하나님께는 택하심을 입은 보배로운 산 돌이신 예수께 나아가 5 너희도 산 돌 같이 신령한 집으로 세워지고 예수 그리스도로 말미암아 하나님이 기쁘게 받으실 신령한 제사를 드릴 거룩한 제사장이 될지니라 6 성경에 기록되었으되 보라 내가 택한 보배로운 모퉁잇돌을 시온에 두노니 그를 믿는 자는 부끄러움을 당하지 아니하리라 하였으니 7 그러므로 믿는 너희에게는 보배이나 믿지 아니하는 자에게는 건축자들이 버린 그 돌이 모퉁이의 머릿돌이 되고 8 또한 부딪치는 돌과 걸려 넘어지게 하는 바위가 되었다 하였느니라 그들이 말씀을 순종하지 아니하므로 넘어지나니 이는 그들을 이렇게 정하신 것이라 9 그러나 너희는 택하신 족속이요 왕 같은 제사장들이요 거룩한 나라요 그의 소유가 된 백성이니 이는 너희를 어두운 데서 불러 내어 그의 기이한 빛에 들어가게 하신 이의 아름다운 덕을 선포하게 하려 하심이라 10 너희가 전에는 백성이 아니더니 이제는 하나님의 백성이요 전에는 긍휼을 얻지 못하였더니 이제는 긍휼을 얻은 자니라

💧

이 땅에서 육신을 가진 사람은

모두 환경의 지배를 받고 삽니다.

한번 발을 씻었다고 해서

계속 깨끗한 것이 아니므로

매일 발을 씻어야 하는 것처럼

믿는 사람도 매일 회개하고

매일 새롭게 되어야 합니다.


💧

성령을 받아 예수 믿기로 뜻을 정한 사람이라 해도

실패할 수 있고 죄에 빠질 위험이 있습니다.

그러므로 하나님은,

그리스도를 위하여 나그네 된 이들에게 말씀하십니다.

"모든 악독과 모든 기만과 외식과 시기와

모든 비방하는 말을 버리고

갓난 아기들 같이 순전하고 신령한 젖을 사모하라

이는 그로 말미암아 너희로 구원에 이르도록

자라게 하려 함이라" 벧전2:1-2

사람에게는 버린 바 되었어도

하나님의 택하심을 입은 보배로운 산 돌이신 예수님과

동질을 이루어서 신령한 집으로 세워지고,

거룩한 제사장이 되라고 했습니다.

"예수 그리스도로 말미암아

하나님이 기쁘게 받으실 신령한 제사를 드릴

거룩한 제사장이 될지니라" 벧전2:5b

하나님이 받으시는 제사가 있습니다.

가인의 제사는 받지 않으시고 아벨의 제사는 받으셨습니다.

"믿음으로 아벨은 가인보다

더 나은 제사를 하나님께 드림으로

의로운 자라 하시는 증거를 얻었으니

하나님이 그 예물에 대하여 증언하심이라

그가 죽었으나 그 믿음으로써 지금도 말하느니라" 히11:4

어떤 사람의 기도는 받으시고

어떤 사람의 기도는 받지 않으십니다.

예수님의 이름을 부를 때

그 이름으로 인해 능력이 나타나기도 하지만

능력이 나타나지 않는 사람도 있습니다.

예수님께 속한 바울의 말에는 권세가 있습니다.

그에게 속한 손수건과 앞치마까지

병을 치료하고 악귀를 물리치는 도구가 되었습니다.

"하나님이 바울의 손으로 놀라운 능력을 행하게 하시니

심지어 사람들이 바울의 몸에서 손수건이나 앞치마를 가져다가

병든 사람에게 얹으면 그 병이 떠나고 악귀도 나가더라" 행19:11-12

그러나 당시 유대의 한 제사장,

스게와의 일곱 아들도 이와 같이 행했더니

악귀가 대답하기를

"내가 예수도 알고 바울도 알거니와 너희는 누구냐"

말하며 그들에게 뛰어올라 눌러 이겼습니다.

보배로운 모퉁잇돌은 시온에 있습니다.

베드로는 이사야 28장 16절의 말씀을 인용했습니다.

"성경에 기록되었으되

보라 내가 택한 보배로운 모퉁잇돌을 시온에 두노니

그를 믿는 자는 부끄러움을 당하지 아니하리라 하였으니" 벧전2:6

예수님은 반석이시며

시온은 하나님의 집입니다.

오늘날에는 교회를 통해

보배요, 모퉁잇돌인 예수님이 전해집니다.

"다 같은 신령한 음료를 마셨으니

이는 그들을 따르는 신령한 반석으로부터 마셨으매

그 반석은 곧 그리스도시라" 고전10:4

예수님은 믿는 자에게 보배이며 능력입니다.

생명이요, 길, 진리, 행복 자체입니다.

그러나 믿지 않는 자에게는 부딪치는 돌이며,

걸려 넘어지게 하는 바위입니다.

◌

"또한 부딪치는 돌과

걸려 넘어지게 하는 바위가 되었다 하였느니라

그들이 말씀을 순종하지 아니하므로 넘어지나니

이는 그들을 이렇게 정하신 것이라" 벧전2:8

여러 곳으로 흩어져서

신앙의 절개를 지킨 이들은 넘어지지 않았지만

말씀에 순종치 않는 자들은 넘어집니다.


◌

복음은 타락을 막아줍니다.

구약 시대에 활동한 참 선지자들은

왕에게 큰 유익을 주었습니다.

나단 선지자는 범죄한 다윗에게 하나님의 말씀을 전해

잘못을 깨우치고 회개하게 했습니다.

세례 요한은 헤롯에게

동생의 아내를 취한 것을 잘못이라 지적했으나

헤롯은 오히려 자신의 생일 잔칫날 한 여아의 춤값으로

세례 요한의 목을 잘라 소반에 담아주는 죄를 범했습니다.

복음은 항상 빛이 되어주므로

모두를 행복하게 살게 하는 능력이 있습니다.

그러나 독재자, 무신론자, 사회주의는

복음을 듣기 싫어하고 예수님을 싫어합니다.

인간을 동물과 같이 천한 존재로 취급합니다.

빛 되신 예수 그리스도로 인하여

자신들의 타락한 모습이 탄로 나기 때문에

교회와 기독교를 박해합니다.


강도에게 가로등과 CCTV가 없어야

마음껏 활동할 수 있는 것처럼

죄를 가리기 위해 빛을 끄려합니다.

그러나 교회는 늘 빛의 운동을 합니다.

"곧 하나님은 빛이시라

그에게는 어둠이 조금도 없으시다는 것이니라" 요일1:5b

하나님께 속한 자는 존귀합니다.

"그러나 너희는 택하신 족속이요

왕 같은 제사장들이요 거룩한 나라요

그의 소유가 된 백성이니

이는 너희를 어두운 데서 불러 내어

그의 기이한 빛에 들어가게 하신 이의

아름다운 덕을 선포하게 하려 하심이라" 벧전2:9

구원받은 자에게는

하나님이 주신 사명이 있습니다.

누림도 있고 고난도 있습니다.

"그리스도를 위하여 너희에게 은혜를 주신 것은

다만 그를 믿을 뿐 아니라

또한 그를 위하여 고난도 받게 하려 하심이라" 빌1:29


예수 그리스도를 전파해야 합니다.

"사로잡힌 네 민족에게로 가서

그들이 듣든지 아니 듣든지 그들에게 고하여 이르기를

주 여호와의 말씀이 이러하시다 하라" 겔3:11

하나님의 말씀을 따름이 은혜요, 능력입니다.

하나님은 모두가 든든히 서기를 원하십니다.

넘어짐을 피하려면 순종해야 합니다.

가정이 넘어지지 않으려면

하나님의 말씀 안에서

부부가 사랑하고 존중하고 생육하고 번성해야

가정의 대가 이어집니다.

아무리 좋은 애완견도 가정의 대는 잇지 못합니다.

저출산이 지속되면 가정과 사회가 넘어집니다.

일하지 않고 먹으려 하면 회사도, 나라도 넘어집니다.


"우리가 너희와 함께 있을 때에도 너희에게 명하기를

누구든지 일하기 싫어하거든 먹지도 말게 하라 하였더니" 살후3:10

바울은 순종함으로 하나님 앞에 성공한 인생을 살았습니다.

"푯대를 향하여 그리스도 예수 안에서

하나님이 위에서 부르신 부름의 상을 위하여 달려가노라" 빌3:14

베드로는 인생의 마지막에

십자가를 지고 영원한 승리자가 되었습니다.


"너희가 전에는 백성이 아니더니

이제는 하나님의 백성이요

전에는 긍휼을 얻지 못하였더니

이제는 긍휼을 얻은 자니라" 벧전2:10

긍휼을 얻은 우리가 일어납시다.
우리 한 사람 한 사람이
이 세상의 주역입니다.


사랑하는 여러분,
승리의 삶을 살고 계십니까?
여러분의 가정과 나라는 어떤가요?
교회와 나라의 미래를 생각하며
밤잠을 설칠 때가 있기도 합니다.
그러나 내 힘으로는 할 수 없지만
하나님이 하실 수 있다는 믿음으로
엘리야처럼 갈멜산의 기도를 시작합시다.
할렐루야!

주를
위하여
순종하라

Message

05

베드로전서 2:11-17

11 사랑하는 자들아 거류민과 나그네 같은 너희를 권하노니 영혼을 거슬러 싸우는 육체의 정욕을 제어하라 12 너희가 이방인 중에서 행실을 선하게 가져 너희를 악행한다고 비방하는 자들로 하여금 너희 선한 일을 보고 오시는 날에 하나님께 영광을 돌리게 하려 함이라 13 인간의 모든 제도를 주를 위하여 순종하되 혹은 위에 있는 왕이나 14 혹은 그가 악행하는 자를 징벌하고 선행하는 자를 포상하기 위하여 보낸 총독에게 하라 15 곧 선행으로 어리석은 사람들의 무식한 말을 막으시는 것이라 16 너희는 자유가 있으나 그 자유로 악을 가리는 데 쓰지 말고 오직 하나님의 종과 같이 하라 17 뭇 사람을 공경하며 형제를 사랑하며 하나님을 두려워하며 왕을 존대하라

사랑은 구원받은 우리의

최고의 덕이자 무기입니다.

사랑은 스스로 종이 되게 하고

사랑은 자신을 이기게 하며

사랑은 긴 세월을 기다리는 능력이 있습니다.




야곱은 외삼촌 라반의 딸 라헬을 사랑하여

그를 아내로 맞이하기 위해 14년을 종살이 했습니다.

사람의 사랑도 이처럼 강력한데

하나님의 사랑을 깨닫는 순간에는

십자가 형틀도 찬송이 될 것입니다.

🌢

서로 사랑하라는 베드로의 편지는
주 안에서 얻은
영원한 사랑의 씨에서 나온 것입니다.


🌢

하나님은
악인을 징계하시지만
선한 사람,
믿음으로 사는 사람을
사랑하고 보호하십니다.

우리는 하나님의 사랑을 받으며 살아갑니다.
하나님이 사람에게 주시는 복은
우리가 기대하는 이 세상에서의 부귀와 장수, 복과는
비할 수 없는 영원한 복입니다.


하나님이 제일 사랑하는 이가 있다면
그 아들 예수 그리스도일 것입니다.
"하늘로부터 소리가 있어 말씀하시되
이는 내 사랑하는 아들이요
내 기뻐하는 자라 하시니라" 마3:17
아버지 되신 하나님이
가장 사랑하는 자녀에게 주신 것은
십자가 지는 사명이었습니다.
예수님에게 그토록 무섭고 두려운
십자가를 지게 했습니다.

예수 그리스도는 십자가를 지기 전에

겟세마네라는 곳에 이르러

베드로와 세배대의 두 아들을 데리고 가서 기도했습니다.

"내 마음이 매우 고민하여 죽게 되었으니

너희는 여기 머물러 나와 함께 깨어 있으라" 마26:38

죽을 만큼 고민하고 슬퍼했습니다.

그러나 하나님은 십자가 지는 것이

유익함을 알기에 십자가를 지우셨습니다.

또 아들 예수님도 자기 뜻보다

아버지의 뜻이 귀함을 알고 끝까지 순종했습니다.

땅의 복이 참 복이었다면 부잣집으로 보내셨을 것입니다.

베드로가 사랑하는 이들은

진리를 따르기 위해, 믿음을 지키기 위해

스스로 선택한 나그네 같은 삶을 살았습니다.

성령의 은혜가 있었기에 가능했습니다.

그러나 육을 가진 자는

항상 세상과 환경에 의해 마음이 흔들릴 수 있습니다.

그래서 주신 말씀입니다.

"사랑하는 자들아 거류민과 나그네 같은 너희를 권하노니

영혼을 거슬러 싸우는 육체의 정욕을 제어하라" 벧전2:11


제일 큰 싸움이 자기와의 싸움입니다.

바울 사도 안에서도

겉사람과 속사람의 싸움이 있었습니다.

"오호라 나는 곤고한 사람이로다

이 사망의 몸에서 누가 나를 건져내랴" 롬7:24

"그러므로 우리가 낙심하지 아니하노니

우리의 겉사람은 낡아지나

우리의 속사람은 날로 새로워지도다" 고후4:16

오늘 우리도 자기와의 싸움을 싸웁니다.

평안히 사는 사람을 보면 평안하고 싶고,

가진 자를 보면 가지고 싶고,

높아진 사람을 보면 높아지고 싶습니다.

그러나 내가 가질 마음은

하나님의 종의 마음입니다.

매사에 자족하며 나에게 주신 은사를

귀히 여기며 가는 것이 바른 길입니다.

자신과의 싸움을 할 때는

금식기도가 큰 능력이 있습니다.

"내가 기뻐하는 금식은

흉악의 결박을 풀어 주며

멍에의 줄을 끌러 주며

압제 당하는 자를 자유하게 하며

모든 멍에를 꺾는 것이 아니겠느냐" 사58:6


자신을 이긴 승리가 세상에 나타나야 합니다.

"너희가 이방인 중에서 행실을 선하게 가져

너희를 악행한다고 비방하는 자들로 하여금

너희 선한 일을 보고 오시는 날에

하나님께 영광을 돌리게 하려 함이라" 벧전2:12

선행의 열매와 영광이 하나님께 돌아가야 합니다.

우리의 선행을 보고

많은 사람들이 하나님의 선하심을 체험하면

그 사람도 진정으로 행복해지고

구원에 이르는 복을 받습니다.

"인간의 모든 제도를 주를 위하여 순종하되" 벧전2:13a

인간이 살아가는 곳엔 제도가 있습니다.

헌법이 있고, 규칙이 있고 회칙이 있습니다.

제도를 존중하고 따를 때 질서가 유지됩니다.

그러나 그 제도 중에는

하나님과의 관계를 끊어놓으려

악한 의도로 만든 제도도 있습니다.

다니엘과 세 친구가 바벨론에 포로로 잡혀갔을 때

왕의 신상에 엎드려 절하도록 하는 법이 제정됐습니다.

"누구든지 엎드려 절하지 아니하는 자는

즉시 맹렬히 타는 풀무불에 던져 넣으리라 하였더라" 단3:6

다니엘과 세 친구는 이름도 개명되었습니다.

이름은 바뀌었지만 그들의 심령은 변하지 않았습니다.

그들은 제도에 굴하지 않고 금 신상에 절하지 않았습니다.

"왕이여 우리가 섬기는 하나님이 계시다면

우리를 맹렬히 타는 풀무불 가운데에서

능히 건져내시겠고 왕의 손에서도 건져내시리이다" 단3:17

풀무불에 던졌지만 살아나왔습니다.

🝙

우리나라도 근현대사에 큰 슬픔의 기간이 있었습니다.

1909년부터 36년간 일본의 치하에서

여자들은 위안부로 붙잡혀 가기도 하고,

남자들은 강제 노역과 징병에 동원되었으며

교회는 설교에 제재를 받고 신사참배를 강요당했습니다.

또한 일본은 총회와 노회를 포섭해

1938년 조선예수교장로회 제27회 총회에서

신사참배는 국민의례라고 결의토록 했습니다.

이에 반대한 평양신학교는 폐교되고

산정현교회는 해산되었습니다.


🝙

지금도, 앞으로도

정부와 교회의 입법기관이 악법을 만들어 하나님을 대적하고

믿음 있는 이들을 박해할 위험이 얼마든지 있습니다.

그러나 박해 속에서도 믿음을 지키면

오랜 세월이 지난 후 역사 속에

존귀한 사람, 존귀한 교회로 평가받습니다.

◕

신성한 교회가 신사참배를 반대하고

주기철 목사님을 따름으로 고초를 겪었습니다.

그러나 역사는 그 순교적 신앙을 높이 평가합니다.

오늘날도 성경적 원리를 충실히 지키다가

법의 도전을 받는다 해도

인내하고 견뎌야 합니다.


◕

주님의 영광을 가리우는 일이라면

순종하지 않아야 합니다.

순종은 주 안에서 이루어져야 합니다.

"자녀들아 주 안에서 너희 부모에게 순종하라

이것이 옳으니라" 엡6:1

●

자유는 모두를 행복하게 하는 데 사용해야 합니다.
"너희는 자유가 있으나 그 자유로 악을 가리는 데 쓰지 말고
오직 하나님의 종과 같이 하라" 벧전2:16
이 편지를 받는 이들에게는 자유가 있습니다.
예수님을 믿으면 죄에서 자유를 얻은 것입니다.


●

그 자유와 기적, 축복을
하나님의 뜻대로 사용해야
오랜 세월 복되게 살 수 있습니다.
자유는 인간에게 주신 최고의 복입니다.
영적인 자유와 모든 육신적 자유는 인간의 기본권입니다.
인간에게는 선택의 자유가 있습니다.
그러나 어둠의 세력은
자유를 방해하는 죄를 범합니다.

하나님이 주신 복, 권력, 물질을
악을 가리는 데 사용해서는 안됩니다.
하나님의 종은
모든 선택과 결정에 앞서
주인의 뜻, 즉 하나님의 뜻을
먼저 살펴야 합니다.


구원받은 성도에게 부탁하십니다.
"뭇 사람을 공경하며 형제를 사랑하며
하나님을 두려워하며 왕을 존대하라" 벧전2:17
사람은 소중합니다.
천하보다 귀한 최고의 걸작이므로
존귀히 여겨야 합니다.

◊

성도는 하나님이 맺어주신 형제입니다.
온전한 사랑은 하나님께 속하고
성령의 역사가 있을 때 계속됩니다.


◊

"사랑은 오래 참고 사랑은 온유하며 시기하지 아니하며
사랑은 자랑하지 아니하며 교만하지 아니하며
무례히 행하지 아니하며 자기의 유익을 구하지 아니하며
성내지 아니하며 악한 것을 생각하지 아니하며
불의를 기뻐하지 아니하며 진리와 함께 기뻐하고
모든 것을 참으며 모든 것을 믿으며
모든 것을 바라며 모든 것을 견디느니라" 고전13:4-7

모든 것을 감찰하시는 하나님임을 기억해야 합니다.

한 사람에 대한 평가는 오랜 세월 동안

자신도 모르게 만들어집니다.

실수와 죄가 있으면 다 드러나고

의와 선도 다 드러납니다.

항상 말씀을 의지하고 순종의 생활을 하면서

이 시대를 바르게 살아갑시다.

어둠의 세력들이 이 땅을 지배하지 않도록

기도하고 행동하기를 축원합니다.

우리를 승리하게 하시는 분은 하나님이십니다.

할렐루야!

# 영혼의 목자이신 예수님께 돌아오라

Message 06

베드로전서 2:18-25

**18** 사환들아 범사에 두려워함으로 주인들에게 순종하되 선하고 관용하는 자들에게만 아니라 또한 까다로운 자들에게도 그리하라 **19** 부당하게 고난을 받아도 하나님을 생각함으로 슬픔을 참으면 이는 아름다우나 **20** 죄가 있어 매를 맞고 참으면 무슨 칭찬이 있으리요 그러나 선을 행함으로 고난을 받고 참으면 이는 하나님 앞에 아름다우니라 **21** 이를 위하여 너희가 부르심을 받았으니 그리스도도 너희를 위하여 고난을 받으사 너희에게 본을 끼쳐 그 자취를 따라오게 하려 하셨느니라 **22** 그는 죄를 범하지 아니하시고 그 입에 거짓도 없으시며 **23** 욕을 당하시되 맞대어 욕하지 아니하시고 고난을 당하시되 위협하지 아니하시고 오직 공의로 심판하시는 이에게 부탁하시며 **24** 친히 나무에 달려 그 몸으로 우리 죄를 담당하셨으니 이는 우리로 죄에 대하여 죽고 의에 대하여 살게 하려 하심이라 그가 채찍에 맞음으로 너희는 나음을 얻었나니 **25** 너희가 전에는 양과 같이 길을 잃었더니 이제는 너희 영혼의 목자와 감독 되신 이에게 돌아왔느니라

사람은 나이에 따라, 환경에 따라
생각과 가치관에 차이가 있습니다.
자녀는 부모의 입장을,
부모는 자녀의 입장을 생각해보아야
서로 깊은 대화를 통해
평화로운 가정을 이루어갈 수 있습니다.


가정 뿐 아니라 사회에서도, 교회에서도
상대의 입장에 한번쯤 서 보면
대립과 갈등을 풀어나가는데 큰 도움이 되고
건강한 사회가 됩니다.

교회에서는 하나님의 마음을 품고
그리스도의 사랑과 삶을 기준 삼고
구원받은 자신의 가치를 알고
주의 일이 얼마나 소중한지를 알면
분초를 아껴 죽도록 충성할 것입니다.



베드로는 대적자를 피해 여러 곳에 흩어져서
신앙생활 하는 이들을
사랑으로 위로하고 권면했습니다.
그들이 머물렀던 갑바도기아는
지금도 흔적이 남아있는 지하도시입니다.
그들은 그곳에서 육신적 누림 없이
불안과 공포에 떨었지만
하늘의 소망을 가지고 살았고
베드로는 그들의 삶이
결코 불행하지 않다고 위로했습니다.
육신의 자유는 없으나,
천국이 있으므로 행복자였습니다.

크리스천이라면

사람들과의 관계에서도 선을 행하며

구별된 백성의 아름다운 면모를 보여주어야 합니다.

크리스천은 초원의 양같이 공격성이 없습니다.

성경을 깊이 접하면 평안함이 있어

투쟁적 자세를 취하지 않는 특징이 있습니다.

그런 크리스천들이 일어나

나쁜 것이라 부르짖으면 그것은 나쁜 것입니다.

많은 기독교인이 단합하여 권력을 힘입지 않는 것은

예수님이 그렇게 사셨기 때문입니다.

이스라엘이 로마의 식민지였을 때도

육신과 정치적 해방을 위해 투쟁하기보다

영혼구원에 열심을 내었습니다.

교회는 영혼구원에 우선순위가 있기에
방해하는 세력이 있다면 하나님의 적이므로
당연히 맞서야 합니다.
그때는 생명을 내어놓는 각오,
죽음과도 타협하지 않는
신앙의 절개가 있어야 합니다.

🜄

"사환들아 범사에 두려워함으로 주인들에게 순종하되

선하고 관용하는 자들에게만 아니라

또한 까다로운 자들에게도 그리하라" 벧전2:18

주인이라고 더 행복한 것이 아니며,

종이라고 해서 더 불행한 것은 아닙니다.

베드로는 사환과 주인의 관계 속에서

자신의 역할을 알고 행하기를 당부합니다.

부당하게 고난을 받아도

하나님을 생각함으로 슬픔을 참으면

이는 아름다운 일이라 했습니다.

🜄

살다보면 부당하게 고난을 당하고

실패를 경험하고, 억울하게 죄인 취급당할 때가 있습니다.

그러나 때마다 십자가 지신 예수님을 생각하며

범사에 감사하고 참으면

승리와 장수의 복이 임합니다.

죄가 있어 매를 맞을 때가 있습니다.

"죄가 있어 매를 맞고 참으면 무슨 칭찬이 있으리요

그러나 선을 행함으로 고난을 받고 참으면

이는 하나님 앞에 아름다우니라" 벧전2:20

그러나 선을 행함으로 고난을 받으면

하나님 앞에 아름다운 것입니다.


영혼 구원이 최고의 선입니다.

선교하고 전도하며 믿음을 지키다가

고난을 당한다면

하나님께 칭찬을 받을 일입니다.

예수님의 발자취를 따라가는 길은 고난의 길입니다.

"이를 위하여 너희가 부르심을 받았으니

그리스도도 너희를 위하여 고난을 받으사

너희에게 본을 끼쳐 그 자취를

따라오게 하려 하셨느니라" 벧전2:21

외로움이 따르고, 배척을 당하며

이단이라고 정죄 받을 수도 있습니다.

예수님을 귀신의 왕이라 칭한 사람도 있었고,

니사렛 이단이라고 한 사람도 있었습니다.

예수님은 강한 여론 재판에 의해

십자가에서 죽임을 당했습니다.

그러나 그 길은 승리의 길, 부활의 길,

영원한 천국의 큰 누림이 있는 길입니다.

점점 세상은 악해져 성경 말씀을 믿지 못하게 하고

하나님은 없다 외치는 철저한 무신론자를 교육할 것입니다.

동물적 본능대로 물질과 쾌락을 따르는

문화를 조장할 것입니다.



민음을 지키려면

하나님의 말씀을 온전히 믿어야 합니다.

크리스천으로서의 체험을

가짜 뉴스로 전락시키는

프레임에 갇히지 말아야 합니다.

이젠 교회가 문제라는
시각과 프레임에서 벗어나
'한국 사회는 이대로 좋은가'
'교육, 언론, 정치는
무엇을 따라, 어디로 가고 있는가'
살피는 지혜가 필요합니다.

예수 그리스도는 무죄하신 분입니다.

"그는 죄를 범하지 아니하시고

그 입에 거짓도 없으시며" 벧전2:22

베드로는 예수님의 십자가의 죽으심이

죄의 결과나 저주가 아닌

우리의 죄를 대속하기 위함이라 했습니다.

"친히 나무에 달려 그 몸으로 우리 죄를 담당하셨으니

이는 우리로 죄에 대하여 죽고

의에 대하여 살게 하려 하심이라

그가 채찍에 맞음으로 너희는 나음을 얻었나니" 벧전2:24

인간이 죄로 인하여 감당할 사망을

예수님이 친히 담당했습니다.

우리는 그분을 믿음으로

자유를 얻고 의롭게 되었습니다.

"그리스도 예수 안에 있는 속량으로 말미암아

하나님의 은혜로 값 없이

의롭다 하심을 얻은 자 되었느니라" 롬3:24

예수님은 죄인의 질고와 슬픔까지

담당하셨습니다.


나면서부터 걷지 못한 사람이

예수님의 이름으로 기도할 때 나음을 입었습니다.

"뛰어 서서 걸으며 그들과 함께 성전으로 들어가면서

걷기도 하고 뛰기도 하며 하나님을 찬송하니" 행3:8

이젠 예수님의 이름으로 걷고, 회복합시다.

믿음으로 오는 어려움을 누리고

고난의 이유를 살펴 극복하길 바랍니다.

구원은 하나님의 사랑과

오직 예수님의 순종과 희생의 열매입니다.

"너희가 전에는 양과 같이 길을 잃었더니

이제는 너희 영혼의 목자와 감독 되신 이에게 돌아왔느니라" 벧전2:25

과거의 삶과 오늘의 삶의 차이가 분명합니다.

예수님 밖에 있던 어제의 삶은

길 잃은 양과 같았다면

오늘의 삶은 영혼의 목자와

감독자 되신 이에게 돌아온 상태입니다.



미래를 위해 헌신하는

이유와 가치를 알게 하고

공장을 살리고

조선업을 다시 일으키고

세계 경쟁력을 길러야 합니다.

🌢

내일을 위해 학생들은 우리나라의 건국의 역사와 애국가를 배우고
오늘의 부강한 국가가 되기까지 수고한 이들의 노고를 알고
나라를 사랑해야 합니다.


🌢

이젠
첫사랑과 일하는 열정을 회복합시다.
고난의 나무에
영광의 열매를 맺길 바랍니다.


🌢

하나님은 의로운 사람을
실족시키지 않으심을 믿고
영혼의 목자 안에서 참 평안이 있기를
주의 이름으로 축원합니다. 할렐루야!

# 고난, 시대를 살게하는 분별력

베드로전서 3장

# 반석 위에 가정을 세우라

베드로전서 3:1-7

1 아내들아 이와 같이 자기 남편에게 순종하라 이는 혹 말씀을 순종하지 않는 자라도 말로 말미암지 않고 그 아내의 행실로 말미암아 구원을 받게 하려 함이니 2 너희의 두려워하며 정결한 행실을 봄이라 3 너희의 단장은 머리를 꾸미고 금을 차고 아름다운 옷을 입는 외모로 하지 말고 4 오직 마음에 숨은 사람을 온유하고 안정한 심령의 썩지 아니할 것으로 하라 이는 하나님 앞에 값진 것이니라 5 전에 하나님께 소망을 두었던 거룩한 부녀들도 이와 같이 자기 남편에게 순종함으로 자기를 단장하였나니 6 사라가 아브라함을 주라 칭하여 순종한 것 같이 너희는 선을 행하고 아무 두려운 일에도 놀라지 아니하면 그의 딸이 된 것이니라 7 남편들아 이와 같이 지식을 따라 너희 아내와 동거하고 그를 더 연약한 그릇이요 또 생명의 은혜를 함께 이어받을 자로 알아 귀히 여기라 이는 너희 기도가 막히지 아니하게 하려 함이라

인간에게 제일 소중한 것은 영혼입니다.
영원히 살기 때문입니다.
그 다음으로 소중한 것은
영혼을 담고 있는 육체입니다.


영혼과 육체를 보호하는 것은
생명의 말씀인 성경이며
육신의 양식과 물질,
그리고 아름다운 만남입니다.

제일 소중한 만남 중 하나는

말씀을 전해주는 주의 종과의 만남입니다.

하나님은 그를 통해 삶의 기준을 주시고

하나님의 뜻을 알게 하는

계시의 도구로 사용하시기 때문입니다.

베드로 사도는 성령의 감동으로

흩어진 이들에게 말씀을 주었습니다.


★

구원의 산 소망을 가진 것이 복됨을 말했습니다.

영혼의 목자에게 돌아온 이들에게

믿음을 지키기를 힘쓰는 이들에게

가정의 회복을 위해서 말씀을 주셨습니다.

★

가정은 부부로부터 시작합니다.

최초의 사람은 아담입니다.

아담과 그의 아내 하와의 가정은

에덴동산에 신방을 차렸습니다.

전적인 하나님의 은혜였습니다.

남자 혼자 쓸쓸히 있는 것을 보시고

아담을 잠들게 한 뒤 그의 갈비뼈 하나를 취해서

여자인 하와를 만드시고 돕는 배필이 되게 했습니다.

"아담이 이르되 이는 내 뼈 중의 뼈요 살 중의 살이라

이것을 남자에게서 취하였은즉 여자라 부르리라 하니라

이러므로 남자가 부모를 떠나 그의 아내와 합하여

둘이 한 몸을 이룰지로다" 창2:23-24

하와는 아담의 사랑을 받으며
아주 행복하게 살았습니다.
그러나 하와는 돕는 배필이 아닌
아담을 타락시키는 통로가 되었습니다.
하나님의 명령을 어기고 뱀의 유혹에 넘어가
선악을 알게 하는 나무의 실과를 먹었습니다.
그 결과, 낙원에서 쫓겨나고 힘겨운 환경에서 살았습니다.


"아담에게 이르시되 네가 네 아내의 말을 듣고
내가 네게 먹지 말라 한 나무의 열매를 먹었은즉
땅은 너로 말미암아 저주를 받고
너는 네 평생에 수고하여야 그 소산을 먹으리라
땅이 네게 가시덤불과 엉겅퀴를 낼 것이라" 창3:17-18a


가정의 행복은 곧 불행으로 바뀌었습니다.
자녀 가인과 아벨은 시기로 인해
형제들끼리 죽고 죽이는 상황에 이르렀습니다.

★

하나님과의 단절은
영혼의 죽음으로 이어집니다.
하나님의 말씀대로 살지 못하면
고통의 연속입니다.
베드로는 가정이 회복하는
순서와 길을 가르쳐주었습니다.

영육을 주관하시는
하나님과의 관계를 회복해야
부부의 관계가 회복되며
좋은 부부, 좋은 자녀가 될 수 있습니다.

★

이 편지의 수신자는

믿음을 지키기 위해 나그네와 같이 사는 남편들입니다.

영혼의 목자되신 예수님께 돌아온 이들입니다.

"아내들아 이와 같이 자기 남편에게 순종하라

이는 혹 말씀을 순종하지 않는 자라도 말로 말미암지 않고

그 아내의 행실로 말미암아 구원을 받게 하려 함이니" 벧전3:1

베드로는 아내가 먼저 회복되어야 한다고 말씀합니다.

믿지 않는 남편도 아내의 행실에 영향을 받으므로

아내가 믿음으로 행하는 것이 더 중요합니다.

아내의 행실로 말미암아

남편이 구원받을 수 있습니다.

★

아내들은 잘못하면

자신의 말과 자신의 방법대로

남편의 믿음을 키우려 합니다.

"너희의 단장은 머리를 꾸미고 금을 차고

아름다운 옷을 입는 외모로 하지 말고

오직 마음에 숨은 사람을

온유하고 안정한 심령의 썩지 아니할 것으로 하라

이는 하나님 앞에 값진 것이니라" 벧전3:3-4


여자의 무기는 외모가 아닙니다.

오직 온유하고 안정된 심령,

이것이 하나님 앞에 값진 것입니다.

하나님께 귀히 여김을 받는 사람은

하나님이 특별히 보호하십니다.

★

"사라가 아브라함을 주라 칭하여 순종한 것 같이

너희는 선을 행하고 아무 두려운 일에도

놀라지 아니하면 그의 딸이 된 것이니라" 벧전3:6

아브라함이 하나님이 지시하신 곳으로 가던 중,

애굽으로 들어갔습니다.

그때 아브라함은 아내에게 말합니다.

"당신은 이토록 아름다우니 애굽 사람이 당신을 차지하기 위해

신랑인 나를 죽일 수도 있습니다.

당신을 나의 누이라 말합시다." 창12:13 참고


아브라함의 예상대로 사라의 미모가

애굽의 고관과 바로에게까지 알려져

사라는 왕궁으로 들어갔습니다.

바로는 아브라함을 후대하여

아브라함에게 양과 소와 노비와 암수 나귀와 낙타를 주었습니다.

그러나 사라로 인해 바로의 왕궁에는 재앙이 내렸고

바로는 사라를 아브라함에게 돌려보냈습니다.

하나님은 사라를 통해

위기를 넘기고 회복케 하셨습니다.

아브라함은 아무런 해도 입지 않았고 큰 재산도 얻었습니다.

사라는 남편을 살리기 위해

수모를 감수한 여인 중의 여인입니다.

"지혜로운 여인은 자기 집을 세우되

미련한 여인은 자기 손으로 그것을 허느니라" 잠14:1

집을 세우고 허는 능력이 여자에게 있습니다.


★

인간이 타락할 때도

아내인 하와로 인해 타락했습니다.

그러나 회복할 때도

아내로 인해 회복의 은혜를 입게 하십니다.

교회에 여자 집사와 권찰이 많은 것도

그들을 통해 가정을 회복케 하실 계획입니다.

가정의 온전한 회복은 부부로부터 시작합니다.

"믿지 아니하는 남편이 아내로 말미암아 거룩하게 되고

믿지 아니하는 아내가 남편으로 말미암아 거룩하게 되나니

그렇지 아니하면 너희 자녀도 깨끗하지 못하니라

그러나 이제 거룩하니라" 고전7:14

바울 사도가 고린도 교회에 전한 말씀입니다.

부부가 믿음 생활을 하면

자녀들이 깨끗하게 자랍니다.

★

아내들에게는 여섯 절로 말씀하셨지만

남편에게 주신 말씀은 한 절입니다.

"남편들아 이와 같이 지식을 따라

너희 아내와 동거하고

그를 더 연약한 그릇이요 또 생명의 은혜를

함께 이어받을 자로 알아 귀히 여기라

이는 너희 기도가 막히지 아니하게 하려 함이라" 벧전3:7


아내는 육체도, 미음도, 한경에 적응함도

매우 연약함을 알고 그에 맞추어 동행해야 합니다.

★

아내는 아주 소중하고 귀한 존재입니다.

아내로 인해 자녀가 태어납니다.

"뼈 중의 뼈요, 살 중의 살이라"

아담의 이 고백이

남편의 바른 가치관이 되어야 행복해집니다.

부부의 관계, 가족의 관계를 돌아보고 먼저 회복해야

그 다음의 회복도 이루어집니다.

철저한 회개가 회복의 능력입니다.

★

하나님과의 관계가 사람과의 관계 회복의 첫 단추라면

사람과의 관계가 회복될 때 경제적 회복과 행복이 시작됩니다.

먼저 가정을 반석 위에 세우고,

사회와 나라를 회복시키는 복이 임하기를 기도합니다.

할렐루야!

# 고난을
# 분별하라

Message

08

베드로전서 3:8-16

8 마지막으로 말하노니 너희가 다 마음을 같이하여 동정하며 형제를 사랑하며 불쌍히 여기며 겸손하며 9 악을 악으로, 욕을 욕으로 갚지 말고 도리어 복을 빌라 이를 위하여 너희가 부르심을 받았으니 이는 복을 이어받게 하려 하심이라 10 그러므로 생명을 사랑하고 좋은 날 보기를 원하는 자는 혀를 금하여 악한 말을 그치며 그 입술로 거짓을 말하지 말고 11 악에서 떠나 선을 행하고 화평을 구하며 그것을 따르라 12 주의 눈은 의인을 향하시고 그의 귀는 의인의 간구에 기울이시되 주의 얼굴은 악행하는 자들을 대하시느니라 하였느니라 13 또 너희가 열심으로 선을 행하면 누가 너희를 해하리요 14 그러나 의를 위하여 고난을 받으면 복 있는 자니 그들이 두려워하는 것을 두려워하지 말며 근심하지 말고 15 너희 마음에 그리스도를 주로 삼아 거룩하게 하고 너희 속에 있는 소망에 관한 이유를 묻는 자에게는 대답할 것을 항상 준비하되 온유와 두려움으로 하고 16 선한 양심을 가지라 이는 그리스도 안에 있는 너희의 선행을 욕하는 자들로 그 비방하는 일에 부끄러움을 당하게 하려 함이라

저는 군포제일교회를 개척하고 오늘이 있기까지
에벤에셀의 영광과 보호를 늘 체험했습니다.
하나님이 이스라엘을 회복시키심 같이
전 성도의 가정과 교회에
회복의 은총을 입히십니다.


★

엘리 제사장 때 떠난 영광이,
사무엘의 때에 돌아오고 회복함 같이
우리도 회복을 체험할 것입니다.
"에그론부터 가드까지 이스라엘에게 회복되니
이스라엘이 그 사방 지역을 블레셋 사람들의 손에서 도로 찾았고
또 이스라엘과 아모리 사람 사이에 평화가 있었더라" 삼상7:14b

사무엘은 나이가 많아도 권위를 유지했고
백성들의 정신적 지주가 되었습니다.
항상 하나님과 동행함으로 민족의 보배가 되었습니다.
우리도 처음 사랑을 유지하고자 기도할 때
참 평안이 있을 것입니다.

★

내면의 세계를 아름답게 가져야 합니다.
"너희가 다 마음을 같이하여 동정하며
형제를 사랑하며 불쌍히 여기며 겸손하며
악을 악으로, 욕을 욕으로 갚지 말고
도리어 복을 빌라" 벧전3:8-9a

이는 율법을 넘어 복음으로 인친 마음입니다.
성령이 함께하는 마음입니다.
이 교훈과 사상과 삶을 따르려면
성령의 사람이 되어야 가능합니다.

★

율법에 상처는 상처로,

눈에는 눈으로, 이에는 이로 갚으라 했습니다.

그러나 성령을 받은 스데반은

돌에 맞아 죽으면서도 용서의 기도를 올렸고

예수님도 십자가 위에서 사랑의 기도를 하셨습니다.

성령의 사람이 된 베드로는

신앙을 지키기 위해 노력하는 이들을 향해

사랑을 교훈하고 있습니다.

이 진리는 능력이요, 성령으로 믿을 수 있는 위대한 교훈입니다.

이 교훈을 믿고 전하는 자는 복이 있습니다.

★

좋은 날을 보기 원하면
좋은 말을 해야 합니다.
"그러므로 생명을 사랑하고
좋은 날 보기를 원하는 자는
혀를 금하여 악한 말을 그치며
그 입술로 거짓을 말하지 말고" 벧전3:10
하나님은 말씀으로 천지를 창조하셨습니다.
말씀에는 창조의 능력이 있습니다.

모세를 통해 애굽에 열 가지 재앙이 임할 때도

말로써 이루어졌습니다.

말에는 자신과 상대를 변화시키는 능력이 있습니다.

"이와 같이 혀도 작은 지체로되 큰 것을 자랑하도다

보라 얼마나 작은 불이 얼마나 많은 나무를 태우는가

혀는 곧 불이요 불의의 세계라

혀는 우리 지체 중에서 온 몸을 더럽히고

삶의 수레바퀴를 불사르나니

그 사르는 것이 지옥 불에서 나느니라" 약3:5-6

혀는 배의 키와 같고,
작은 불씨와 같다고 했습니다.
배의 키를 잘못 잡으면
암초나 빙산에 부딪쳐 침몰할 수 있습니다.
작은 불씨가 일어나면
큰 산림도 순식간에 잿더미가 될 수 있습니다.


★

말을 조심하고
복음과 성령에 감동된 말을 합시다.
"할 수 있다", "행복하다"고 말해보세요.
하나님은 우리의 말을 듣고 계십니다.
불꽃 같은 눈으로 지키시고
그의 오른손으로 붙드십니다.

★

선한 양심과 분별력이 필요합니다.

"그러나 의를 위하여 고난을 받으면 복 있는 자니

그들이 두려워하는 것을 두려워하지 말며 근심하지 말고" 벧전3:14

의를 위해서 고난을 받을 수 있습니다.

고난을 피하려다가 선을 피할 수도 있습니다.

고난이 와도 가난이 와도 욕을 먹어도

선을 피하지 말아야 합니다.

"의를 위하여 박해를 받은 자는 복이 있나니

천국이 그들의 것임이라" 마5:10

★

참 선지자와 사도들은 예수님을 부인하지 않았습니다.

"그는 허물과 죄로 죽었던 너희를 살리셨도다" 엡2:1

선을 위해 순교했습니다.

목회자는 육신의 고통을 피하려다 목회를 그르칠 수도 있습니다.

명예, 돈, 환경, 자신에 매여 살면 선악을 분별하지 못할 뿐 아니라

선한 사람, 좋은 교회, 귀한 말씀을 분별하지 못합니다.

★

다윗이 광야에 있을 때

나발에게 소년들을 보내 도움을 요청했습니다.

"나발이 다윗의 사환들에게 대답하여 이르되

다윗은 누구며 이새의 아들은 누구냐

요즈음에 각기 주인에게서 억지로 떠나는 종이 많도다" 삼상25:10

나발은 하나님의 사람인 다윗을 알아보지 못했습니다.

그러나 그의 부인 아비가일은

다윗을 알아보고 그를 선대했습니다.

사울도 왕이 된 후 신령한 하나님의 계획을 알지 못하고

제사장의 일까지 함부로 손을 댔습니다.

잘못하면 수종드는 사람들에 의해

눈과 귀가 막힐 수도 있습니다.

그때부터는 불행해집니다.

"선한 양심을 가지라 이는 그리스도 안에 있는

너희의 선행을 욕하는 자들로 그 비방하는 일에

부끄러움을 당하게 하려 함이라" 벧전3:16

선한 양심이 있고, 화인을 맞은 양심이 있습니다.

선한 양심은 그 무엇보다 소중합니다.

"자기 양심이 화인을 맞아서

외식함으로 거짓말하는 자들이라" 딤전4:2

성령에 감동되고, 예수님을 만난 양심이 선한 양심입니다.


★

이젠 복음을 말하고 전합시다.

아내에겐 사랑을 고백하고, 남편에게는 존경을 표현하고

부모님께는 보람을 안겨드려 봅시다.

하나님이 함께하심을 보며 주의 종에게 협력하면

이 나라를 빛 가운데 바로 세우는

지혜자의 길에 서게 될 것입니다.

복 받으세요.

승리하세요.

사랑합니다.

그리스도의
부활을
바라보라



09

베드로전서 3:17-22

17 선을 행함으로 고난 받는 것이 하나님의 뜻일진대 악을 행함으로 고난 받는 것보다 나으니라 18 그리스도께서도 단번에 죄를 위하여 죽으사 의인으로서 불의한 자를 대신하셨으니 이는 우리를 하나님 앞으로 인도하려 하심이라 육체로는 죽임을 당하시고 영으로는 살리심을 받으셨으니 19 그가 또한 영으로 가서 옥에 있는 영들에게 선포하시니라 20 그들은 전에 노아의 날 방주를 준비할 동안 하나님이 오래 참고 기다리실 때에 복종하지 아니하던 자들이라 방주에서 물로 말미암아 구원을 얻은 자가 몇 명뿐이니 겨우 여덟 명이라 21 물은 예수 그리스도께서 부활하심으로 말미암아 이제 너희를 구원하는 표니 곧 세례라 이는 육체의 더러운 것을 제하여 버림이 아니요 하나님을 향한 선한 양심의 간구니라 22 그는 하늘에 오르사 하나님 우편에 계시니 천사들과 권세들과 능력들이 그에게 복종하느니라

★

희망의 새 아침을 보는 눈이 있으면
새로운 계획을 할 수 있습니다.
내 앞에 놓인 것이 새 포도주임을 알면
새 가죽부대를 준비할 수 있듯이
자신이 누구인지를 알 때
길을 정확히 선택할 수 있습니다.

★

세상의 많은 사람과 섞여서 살아가지만

택한 백성은 본향이 다릅니다.

받은 교훈과 행위가 다른 만큼 삶의 결과도 다릅니다.

베드로 사도는 사랑하는 이들이

선한 양심을 가지길 바랐습니다.

크리스천의 선행을 비방하는 사람들이

나중에 믿는 이들의 삶의 열매를 보고

스스로 부끄러움을 당하게 하기 위해서입니다.

믿음과 선행으로 인내하면
진리의 견고성을 확증할 수 있습니다.


★

최고의 선행은 하나님의 뜻을 알고
진정과 신령으로 예배드리는 삶입니다.
전도하는 행위와 순종의 길입니다.
범사에 감사하는 생활입니다.

★

"선을 행함으로 고난 받는 것이

하나님의 뜻일진대

악을 행함으로 고난 받는 것보다 나으니라" 벧전3:17


골고다에는 두 종류의 십자가가 섰습니다.

먼저, 선을 행하고 고난을 받으신 예수님의 십자가입니다.

예수님은 자기 백성을 구원하시려

이 땅에 보내심을 받았습니다.

★

그리스도는 세상의 빛이요, 사랑입니다.

가난한 자, 병든 자를 돌아보고

눈먼 자를 보게 하고, 귀신 들린 자에게 자유를 주고

기적을 행하여 좋은 환경을 만들어 주었습니다.

예수님은 오직 하나님의 뜻인 선을 행했습니다.

세상의 법으로도 죄를 찾지 못했습니다.

"빌라도가 세 번째 말하되

이 사람이 무슨 악한 일을 하였느냐

나는 그에게서 죽일 죄를 찾지 못하였나니

때려서 놓으리라 하니" 눅23:22

★

지금도 의를 박해하는 사망의 세력이 있습니다.

예수님을 믿고 전도하는 것을 욕하고

예배드린다고 박해하는 이들도 있습니다.

그러나 우리가 당하는 고난이

신앙 때문이라면 자랑스러운 일이며,

부끄러운 일이 아닙니다.

골고다 십자가의 죽음은

의를 위한 희생이며 승리의 십자가였습니다.

죄 때문에 고난을 받는 행악자의 십자가가 있습니다.

"또 다른 두 행악자도 사형을 받게 되어

예수와 함께 끌려 가니라" 눅23:32

군중들은 죄인에게는 관대했으나

예수님을 향해서는 분노했고

증오의 함성이 하늘을 찔렀습니다.

"대제사장들과 장로들이 무리를 권하여

바라바를 달라 하게 하고 예수를 죽이자 하게 하였더니" 마27:20


살인자에 대해서는 관대하고

예수님에 대해서는 비정한 정치가와 지도자의 모습을

우리 사회에서도 종종 발견합니다.

스스로는 바로 서지 않으면서

상대에게는 무결함을 강요하는

그릇된 요즘 사고방식의 영향을 받으면

교회가 바로 설 수 없습니다.

오늘날 우리 사회에서

잘 믿는 죄, 잘 사는 죄, 권력을 가진 죄가

살인, 강도죄보다 크게 다뤄지는 이유는

여론의 영향 때문이기도 합니다.

시기와 박탈감으로 선동당한 대중들은

공의를 잃은 채 판단하는 과오를 범할 수 있습니다.

여론이 관용한다고 해서 작은 죄라 할 수 없고

여론이 좋지 않다고 해서 더 나쁜 죄라 할 수 없습니다.


믿음을 지키고

고난당하는 길을 선택하기를 바랍니다.

예수님과 함께 십자가 형틀에 달렸다 할지라도

죄의 결과로 인한 것이라면

영원한 형벌이며, 영육의 실패입니다.

"예수께서 이르시되 내가 진실로 네게 이르노니

오늘 네가 나와 함께 낙원에 있으리라 하시니라" 눅23:43

★

"그들은 전에 노아의 날 방주를 준비할 동안

하나님이 오래 참고 기다리실 때에

복종하지 아니하던 자들이라

방주에서 물로 말미암아

구원을 얻은 자가 몇 명뿐이니

겨우 여덟 명이라" 벧전3:20

노아의 홍수 때 구원을 받은 사람은

단 여덟 명이었습니다.

다른 이들은 모두

불순종의 대가를 치렀습니다.

“물은 예수 그리스도께서 부활하심으로 말미암아

이제 너희를 구원하는 표니 곧 세례라

이는 육체의 더러운 것을 제하여 버림이 아니요

하나님을 향한 선한 양심의 간구니라” 벧전3:21

노아의 홍수 때 지상에 범람한 물은

우리가 받는 세례의 물과 같은 의미입니다.

노아에게는 구원의 물이었으나,

한편으로는 불신앙을 심판하는 물입니다.


“맑은 물을 너희에게 뿌려서 너희로 정결하게 하되

곧 너희 모든 더러운 것에서와 모든 우상 숭배에서

너희를 정결하게 할 것이며” 겔36:25

세례는 하나님의 언약에 참여하는 것입니다.

죄 씻음을 받아 하나님의 백성이 됨을 뜻합니다.

세례 받음은 구원의 표입니다.

세례를 받으면 선한 양심이

하나님의 뜻을 향하여 찾아갑니다.

★

믿음의 사람이 육체의 생각을 따라가면
죄 가운데 빠집니다.
그러나 영의 인도를 받아 선한 양심을 따라 살면
영혼이 살아나고 그리스도의 형상이 이루어집니다.


"우리가 알거니와 하나님을 사랑하는 자
곧 그의 뜻대로 부르심을 입은 자들에게는
모든 것이 합력하여 선을 이루느니라" 롬8:28

그리스도의 부활은 십자가 순종의 열매입니다.

"내가 진실로 진실로 너희에게 이르노니

한 알의 밀이 땅에 떨어져 죽지 아니하면 한 알 그대로 있고

죽으면 많은 열매를 맺느니라" 요12:24

의를 위한 고난은 모두 유익합니다.

예수님의 십자가 죽음은 하나님의 뜻이고,

사망을 이기는 과정이며, 자기를 부인하는 순종의 삶입니다.

"그는 하늘에 오르사 하나님 우편에 계시니

천사들과 권세들과 능력들이 그에게 복종하느니라" 벧전3:22

★

마음을 비우고 모든 것을 맡길 때
우리의 심령에 천국이 이루어집니다.
모든 주권이 하나님께 있음을 알 때
여러 환경에 지배받지 않습니다.
고난의 모래언덕을 넘어
반석으로 가는 복된 길에 섭시다.
할렐루야!

# 고난, 십자가를 바라보게 하는 힘

베드로전서 4장

# 영광스러운 고난에 참여하라

# 10

Message

베드로전서 4:1-6

1 그리스도께서 이미 육체의 고난을 받으셨으니 너희도 같은 마음으로 갑옷을 삼으라 이는 육체의 고난을 받은 자는 죄를 그쳤음이니 2 그 후로는 다시 사람의 정욕을 따르지 않고 하나님의 뜻을 따라 육체의 남은 때를 살게 하려 함이라 3 너희가 음란과 정욕과 술취함과 방탕과 향락과 무법한 우상 숭배를 하여 이방인의 뜻을 따라 행한 것은 지나간 때로 족하도다 4 이러므로 너희가 그들과 함께 그런 극한 방탕에 달음질하지 아니하는 것을 그들이 이상히 여겨 비방하나 5 그들이 산 자와 죽은 자를 심판하기로 예비하신 이에게 사실대로 고하리라 6 이를 위하여 죽은 자들에게도 복음이 전파되었으니 이는 육체로는 사람으로 심판을 받으나 영으로는 하나님을 따라 살게 하려 함이라

다사다난했던 한 해가 저물어가면
희망찬 새해의 계획을 세웁니다.
그러나 요즘은 불확실한 미래에 대한 두려움으로
근심하는 이들이 어느 때보다 많습니다.

어려움은 신앙이 성장하는 기회입니다.
자신의 약함을 돌아보고
회개하고 기도하는 기간입니다.

영혼의 세계는 볼 수 없지만
능력이 나타날 때 알 수 있습니다.
예수님은 하나님의 아들이시고
믿는 자의 죄를 대속하셨다는 것을
삶에서 온전히 체험할 때가 있습니다.

병이 치료되고
기도에 응답이 있고
의심 없이 믿을 수 있는 것은
오직 성령의 능력으로 가능합니다.

"그리스도께서 이미 육체의 고난을 받으셨으니
너희도 같은 마음으로 갑옷을 삼으라
이는 육체의 고난을 받은 자는 죄를 그쳤음이니" 벧전4:1
예수님의 고난은 예언의 성취입니다.

그리스도의 고난을 내 고난으로 알고
그리스도의 사역을 내 사역으로 알고
자신의 몸에 그리스도의 고난을 채울 때
죄를 멀리할 수 있습니다.
"나는 이제 너희를 위하여 받는 괴로움을 기뻐하고
그리스도의 남은 고난을 그의 몸된 교회를 위하여
내 육체에 채우노라" 골1:24

예수 그리스도를 따라

믿음, 진리, 생명의 길을 갈 때,

우리를 방해하는 요소가 많습니다.

“예수께서 이르시되

너희가 사람의 미혹을 받지 않도록 주의하라” 막13:5

우리에게는 회개하기 전의 삶과

예수님을 만나 회개한 후의 삶이 있습니다.

“이전 것은 지나갔으니 보라 새 것이 되었도다” 고후5:17b




하나님은 회개한 후에는

다시 그 죄를 문제 삼지 않습니다.

그러나 회개한 후에 다시 죄를 지었다면

더욱 큰 죄입니다.

“우리가 진리를 아는 지식을 받은 후

짐짓 죄를 범한즉 다시 속죄하는 제사가 없고

오직 무서운 마음으로 심판을 기다리는 것과

대적하는 자를 태울 맹렬한 불만 있으리라” 히10:26-27

변화를 받았다면 남은 날들을 믿음으로,

마음과 행위를 지키며 살기를 바랍니다.

"너희가 음란과 정욕과 술취함과 방탕과 향락과

무법한 우상 숭배를 하여 이방인의 뜻을 따라 행한 것은

지나간 때로 족하도다" 벧전4:3

이방인의 삶은 그 나름대로 매력적입니다.

그래서 신앙생활을 하다가도

과거의 그때로 돌아가고 싶은 마음이 들 때가 있습니다.

이스라엘 백성은 애굽에서 나와

모세를 따라 가나안 복지로 가면서도

애굽에서의 삶을 그리워하며

모세에게 불만을 토로했습니다.

이스라엘 백성은 모세와 아론을 원망했습니다.

목마를 때 원망했고

배고플 때 원망했고

어려움이 있을 때마다

원망했습니다.


"우리가 애굽 땅에서 고기 가마 곁에 앉아 있던 때와

떡을 배불리 먹던 때에 여호와의 손에 죽었더라면 좋았을 것을

너희가 이 광야로 우리를 인도해 내어

이 온 회중이 주려 죽게 하는도다" 출16:3

그들은 현실만 바라보았고

하나님이 약속하신 젖과 꿀이 흐르는 땅을

바라보지 못했습니다.

그러나 그중에도 약속의 땅을

바라본 이들이 있었습니다.

모세, 여호수아, 갈렙은

하나님의 약속을 믿었으므로

어려움이 있어도 좌절하지 않고

기도함으로 위기를 극복했습니다.

원망만 하던 사람들은

모두 가나안에 들어가지 못했지만

믿음으로 인내하여 비전을 함께 한

여호수아와 갈렙은 가나안에 입성했습니다.

광야에서는 과거가 아닌 앞을 바라보아야 합니다.

영적인 누림과 가나안을 생각하며

하나님을 믿고 지도자인 모세를 신뢰하면

약속대로 복을 받습니다.

우리의 겉사람인 육체는 하나님으로부터
이미 죽음을 선고받았습니다.
"손에 쟁기를 잡고 뒤를 돌아보는 자는
하나님의 나라에 합당하지 아니하니라" 눅9:62
불순종은 가정, 사회, 그가 속한 조직까지
어려움에 빠지게 합니다.
"너희가 그들과 함께 그런 극한 방탕에
달음질하지 아니하는 것을 그들이 이상히 여겨 비방하나
그들이 산 자와 죽은 자를 심판하기로 예비하신 이에게
사실대로 고하리라" 벧전4:4-5

지난 일은 지난 것으로 족한 줄 알고
새로운 영적 삶을 살아가는 것을
세상은 이상히 여기기도 합니다.
그러나 하나님 편에서는 아름다운 변화입니다.

프랑스의 문호 빅토르 위고가 말하기를
"오늘의 문제는 싸우는 것이요,
내일의 문제는 이기는 것이요,
모든 날의 문제는 죽는 것이다"라고 했습니다.
유한한 육체만을 생각하면 희망이 없습니다.
그러나 하나님께서 살리신 영혼,
속사람을 생각하면 희망이 있습니다.
천국을 사모하므로
죽음을 초월한 기쁨이 있습니다.

믿음의 사람은 최고의 복을 받았습니다.

죄로 인해 징계를 받아도 하나님의 은혜가 있어

회개하고 회복케 하시니 감사합니다.

예수님을 믿는 믿음으로

환경을 이기고 범사에 감사하면서 살아갑니다.

그리스도를 위한 고난은

영원한 영광이 있는 줄 알고

기쁨으로 참여하여

가나안을 정복하는 능력을 입기를 축원합니다.

할렐루야!

하나님이
공급하시는
힘으로 하라

# 11

Message

베드로전서 4:7-11

7 만물의 마지막이 가까이 왔으니 그러므로 너희는 정신을 차리고 근신하여 기도하라 8 무엇보다도 뜨겁게 서로 사랑할지니 사랑은 허다한 죄를 덮느니라 9 서로 대접하기를 원망 없이 하고 10 각각 은사를 받은 대로 하나님의 여러 가지 은혜를 맡은 선한 청지기 같이 서로 봉사하라 11 만일 누가 말하려면 하나님의 말씀을 하는 것 같이 하고 누가 봉사하려면 하나님이 공급하시는 힘으로 하는 것 같이 하라 이는 범사에 예수 그리스도로 말미암아 하나님이 영광을 받으시게 하려 함이니 그에게 영광과 권능이 세세에 무궁하도록 있느니라 아멘

때를 아는 것은 능력이며 지혜입니다.

지혜의 왕 솔로몬은 범사에 다 때가 있다고 했습니다.

"범사에 기한이 있고 천하 만사가 다 때가 있나니" 전3:1

베드로는 믿음을 지키기 위해

힘들고 어려운 현실을 극복하는 이들에게

당부했습니다.

"만물의 마지막이 가까이 왔으니

그러므로 너희는 정신을 차리고 근신하여 기도하라" 벧전4:7

현재 겪고 있는 모든 것에는 끝이 있습니다.

말세가 다가올수록

자신의 몸과 마음을 잘 관리하는 것이 매우 중요합니다.

정신을 차리려면 바른 정보를 분별하는 지혜가 필요합니다.

창조주가 주신 이성과 인격을

빼앗기지 않도록 주의해야 합니다.

정신을 차리라는 말씀을 주심은

부모와 같은 사랑의 마음입니다.

‘근신’은 말과 행동을 삼가 조심하는 것입니다.

성도가 가져야 할 성품입니다.

히브리어로 근신은

신중하라, 사람을 분별하라,

세심하라는 의미가 있습니다.

헬라어로는 자제와 절제의 의미입니다.

알기 쉽게 설명하면,

기도하기 전에 먼저

마음가짐을 바르게 가지라는 말씀입니다.

'기도'는 하나님과의 교통입니다.

기도는 하나님의 뜻을 깨닫고

자신의 뜻을 하나님께 알리는 행위입니다.

하나님의 능력을

이 땅에 나타내는 과정입니다.

예수님은 최후의 만찬을 마친 후 하나님께 기도했습니다.

"시험에 들지 않게 깨어 기도하라

마음에는 원이로되 육신이 약하도다 하시고" 마26:41

기도는 자신과 상대에게

큰 기쁨을 주는 능력을 갖게 합니다.

사랑은 허다한 죄를

덮고 용서하고 이해합니다.

사랑이 있으면 함께 동행할 수 있습니다.

"무엇보다도 뜨겁게 서로 사랑할지니

사랑은 허다한 죄를 덮느니라" 벧전4:8

가족이 서로에게 짐이 된다면

그곳에 사랑이 없기 때문입니다.


"내가 내게 있는 모든 것으로 구제하고

또 내 몸을 불사르게 내줄지라도

사랑이 없으면 내게 아무 유익이 없느니라

사랑은 오래 참고 사랑은 온유하며 시기하지 아니하며

사랑은 자랑하지 아니하며 교만하지 아니하며" 고전13:3-4

사랑이 있으면 모든 것이 누림이 됩니다.

하나님은 하나님의 방법대로

교회와 성도를 사랑하십니다.

"하나님이 세상을 이처럼 사랑하사 독생자를 주셨으니

이는 그를 믿는 자마다 멸망하지 않고

영생을 얻게 하려 하심이라" 요3:16

하나님의 사랑의 분량은

인간이 측량할 수 없을 만큼 크고 큽니다.

우리의 사랑의 방법은 어떻습니까?

사랑의 분량은 얼만큼입니까?

부모님께 효도여행을 보내드리는 것으로

사랑의 분량에 보답할 수 없듯이

주일을 지키고, 예배를 잘 드리고,

연보와 봉사생활하고 전도했어도

하나님께 최선을 다했다고 할 수 없습니다.

하나님의 사랑은 갚을 길이 없습니다.

그 사랑에는 항상 감사만 있을 뿐입니다.

"서로 대접하기를 원망 없이 하고" 벧전4:9

상대에게 베풀었을 때 반응이 없거나

당연시 여기면 원망이 생길 수 있습니다.

그러므로 대접할 때 서로 간에

원망이 없도록 주의해야 합니다.

사랑도 서로의 사랑이 아름답고

서로의 대접이 귀하고 아름답습니다.

"각각 은사를 받은 대로

하나님의 여러 가지 은혜를 맡은

선한 청지기 같이 서로 봉사하라" 벧전4:10

은사는 하나님이 주신 재능입니다.

다른 사람을 가르치는 것, 기술과 지식, 찬양일 수도 있고

사랑의 마음일 수도 있습니다.

이 재능은 모두가 다른 것입니다.

우리가 맡은 은혜는 구원입니다.
감격스러운 마음으로
주신 은혜를 맡은 선한 청지기 같이
서로 봉사해야 합니다.
거저 받았으니 거저 주고,
그를 위해 기도하며 복음을 전해주면 됩니다.

가정에서 아내는 아내의 기능대로
남편은 남편의 기능대로 봉사하면
하나님께서 기뻐하시는 복된 가정이 될 것입니다.
직장에서, 교회에서, 사회에서
하나님이 주신 재능대로
청지기 같이 열심히 봉사하기 바랍니다.

# 하나님이 공급하시는 힘으로 하라

"만일 누가 말하려면 하나님의 말씀을 하는 것 같이 하고

누가 봉사하려면 하나님이 공급하시는 힘으로 하는 것 같이 하라

이는 범사에 예수 그리스도로 말미암아

하나님이 영광을 받으시게 하려 함이니

그에게 영광과 권능이

세세에 무궁하도록 있느니라 아멘" 벧전4:11


하나님의 말씀을 하는 것 같이

창조적이고 권세 있는 말을 할 때

행함으로 나타납니다.

사탄이 역사하는 속된 말은 삼가야 합니다.

성령에 감동되고, 사랑에 감동된 말로

평안을 주어야 합니다.

우리의 말 한마디, 한마디가 변화를 이룰 수 있는

권세 있는 말씀이 되어야 합니다.

예수님의 말씀에는

권세가 있듯이

베드로가 성령이 충만하여 말할 때

원수가 쫓겨 가는 권세가 나타났습니다.

하나님의 말씀에 붙들려 있고

기도하는 사람의 말에는

권세가 있습니다.

우리는 하나님의 말씀대로 긍정을 말해봅시다.

하나님의 말씀에는 '안 된다', '못한다'라는 말이 없습니다.

"내게 능력 주시는 자 안에서

내가 모든 것을 할 수 있느니라" 빌4:13

하나님이 공급하시는 힘은

다함이 없습니다.

자신의 힘이 아니라

하나님의 능력으로 봉사할 때

환경을 변화시킬 수 있습니다.


하나님이 주시는 힘의 분량과 기간,

모든 것은 상상을 초월합니다.

지치지 않고, 그치지 않습니다.

그 힘은 성령으로 임합니다.

"내 말과 내 전도함이 설득력 있는 지혜의 말로 하지 아니하고

다만 성령의 나타나심과 능력으로 하여" 고전2:4

성령이 우리와 함께 하시고 역사가 나타나면

이 땅을 지배하는 공중의 권세 잡은

악한 영을 이길 수 있습니다.

오직 하나님이 영광을 받으시도록 해야 합니다.

그 길은 영혼구원입니다.

복음을 듣는 모두가

예수님을 믿고 구원받는 것이

하나님의 소원이자, 우리의 소원입니다.

하나님의 권세는 세세 무궁토록 있으며

주 안에 있는 사람은 영원 무궁히 살아갑니다.

이 복을 받으신 것을 축하드립니다.

성령의 사람이 되어

하나님의 능력으로 봉사하며

승리의 삶을 살아갑시다. 할렐루야!

복
있는
자로다

Message 12

베드로전서 4:12-19

12 사랑하는 자들아 너희를 연단하려고 오는 불 시험을 이상한 일 당하는 것 같이 이상히 여기지 말고 13 오히려 너희가 그리스도의 고난에 참여하는 것으로 즐거워하라 이는 그의 영광을 나타내실 때에 너희로 즐거워하고 기뻐하게 하려 함이라 14 너희가 그리스도의 이름으로 치욕을 당하면 복 있는 자로다 영광의 영 곧 하나님의 영이 너희 위에 계심이라 15 너희 중에 누구든지 살인이나 도둑질이나 악행이나 남의 일을 간섭하는 자로 고난을 받지 말려니와 16 만일 그리스도인으로 고난을 받으면 부끄러워하지 말고 도리어 그 이름으로 하나님께 영광을 돌리라 17 하나님의 집에서 심판을 시작할 때가 되었나니 만일 우리에게 먼저 하면 하나님의 복음을 순종하지 아니하는 자들의 그 마지막은 어떠하며 18 또 의인이 겨우 구원을 받으면 경건하지 아니한 자와 죄인은 어디에 서리요 19 그러므로 하나님의 뜻대로 고난을 받는 자들은 또한 선을 행하는 가운데에 그 영혼을 미쁘신 창조주께 의탁할지어다

하나님이 말씀하시는 복과
세상에서 말하는 복은 확연한 차이가 있습니다.
현재만을 추구하는 하루살이의 삶과
내일을 준비하는 자의 삶은 다릅니다.

고난을 당할 때,
그것이 곧 실패처럼 보일 때가 있습니다.
그러나 성령의 사람 베드로가 보기에
그리스도 안에서 고난을 당하는 사람은
복 있는 사람입니다.

하나님의 능력을 믿은 다윗 왕은
항상 담대하게 행동했습니다.
목동일 때는 사자와 곰을 물리쳐 양을 보호했고
이스라엘의 왕이 되었을 때는
백성들을 블레셋의 위협으로부터 보호했습니다.

"하나님께서 그를 사망의 고통에서 풀어 살리셨으니

이는 그가 사망에 매여 있을 수 없었음이라

다윗이 그를 가리켜 이르되

내가 항상 내 앞에 계신 주를 뵈었음이여

나로 요동하지 않게 하기 위하여

그가 내 우편에 계시도다" 행2:24-25


예수님을 믿고 사망의 고통에서 놓임을 받으면

다윗과 같은 굳건한 믿음을 갖고

감사와 기쁨으로 살아갑니다.

세상의 형편을 보면 마음이 요동할 수 있지만

예수님을 바라보았기 때문에

다윗의 신앙은 요동하지 않았습니다.

예수님을 바라보면

마음에는 기쁨이 있어 심령천국을 이루고,

즐거운 찬양과 축복이 흘러나오며

육체는 외양간에서 나온 송아지처럼 뛰는

즐거움이 있습니다.

"내 마음이 기뻐하였고 내 혀도 즐거워하였으며

육체도 희망에 거하리니" 행2:26

천국을 믿으면 평안이 찾아옵니다.

하나님은 믿음의 사람을 사랑하십니다.

"사랑하는 자들아 너희를 연단하려고 오는 불 시험을

이상한 일 당하는 것 같이 이상히 여기지 말고" 벧전4:12

베드로는 편지의 수신자를 향해

사랑을 고백했습니다.


이들은 하나님의 사랑으로 선택받았고

믿음을 선물로 받았습니다.

택함은 하나님의 절대주권으로 이루어졌습니다.

계속 하나님의 사랑을 받으려면

순종의 삶이 있어야 합니다.

하나님이 사랑하는 자에게 주신 은혜가 있습니다.

바로 믿음의 연단입니다.

부모가 사랑하는 자녀를 교육시키고

군대에서는 건강한 군인을 훈련시키듯

하나님은 사랑하는 자를 영적으로 무장시킵니다.

하나님은 그 아들 예수님을 사랑했습니다.

하나님이 사랑하는 아들 예수님께 주신 환경은

연단과 시험이었습니다.

예수님은 머리 둘 곳도 없었습니다.

예수님의 마지막 길에는 군중, 종교 지도자, 권력자

그 누구도 예수님을 돕지 않았으며

십자가 위에서 임종하셨습니다.

여기까지만 보면 실패와 같습니다.

그러나 예수님은 부활의 아침을 맞이하고

이 세상에서의 삶을 승리로 끝맺었습니다.

"오히려 너희가 그리스도의 고난에 참여하는 것으로 즐거워하라

이는 그의 영광을 나타내실 때에

너희로 즐거워하고 기뻐하게 하려 함이라" 벧전4:13

그리스도의 이름으로 치욕을 당하고

연단을 받는 사람은 복 있는 사람입니다.

"너희가 그리스도의 이름으로 치욕을 당하면 복 있는 자로다

영광의 영 곧 하나님의 영이 너희 위에 계심이라" 벧전4:14

하나님은 사랑하는 자에게 영을 부어주십니다.

"보라 내가 택한 종 곧 내 마음에 기뻐하는 바

내가 사랑하는 자로다

내가 내 영을 그에게 줄 터이니

그가 심판을 이방에 알게 하리라" 마12:18

두 종류의 고난이 있습니다.

신앙을 지키려다가 받는 고난이 있고

순종하지 않음으로 받는 고난이 있습니다.

베드로는 사랑하는 이들이

믿음을 떠나 죄를 짓다가 고난 당하지 않기를 바랐습니다.

"너희 중에 누구든지 살인이나 도둑질이나 악행이나

남의 일을 간섭하는 자로 고난을 받지 말려니와" 벧전4:15

성경에서는 형제를 미워하는 것도 살인죄이며

여자를 보고 음욕을 품는 것도 간음이라 했습니다.

죄로 인해 받는 고난은 상급도, 위로도 없습니다.

그러나 그리스도를 위해 고난을 받으면 영광입니다.

"만일 그리스도인으로 고난을 받으면 부끄러워하지 말고

도리어 그 이름으로 하나님께 영광을 돌리라" 벧전4:16

당시 유대인은 그리스도인을

'나사렛 이단'이라고 능욕했습니다.

"우리가 보니 이 사람은 전염병 같은 자라

천하에 흩어진 유대인을 다 소요하게 하는 자요

나사렛 이단의 우두머리라" 행24:5


그러나 성령의 사람들은 환경을 초월해

기도하며 믿음을 지켰습니다.

거룩성을 회복하고

그리스도로 인한 고난을 기뻐하기를 바랍니다.

이 고난은 우리를 살리는 고난입니다.

심판이 있을 때 성화가 이루어지고
신자와 이단을 분별할 수 있습니다.
"하나님의 집에서 심판을 시작할 때가 되었나니
만일 우리에게 먼저 하면
하나님의 복음을 순종하지 아니하는 자들의
그 마지막은 어떠하며" 벧전4:17


많은 연단을 견뎌내는 과정에
자신의 깊은 곳에 있는 죄가 보일 때,
회개하면 믿음이 성장하고
그 길에 큰 기쁨이 있습니다.
"지금은 너희가 근심하나
내가 다시 너희를 보리니
너희 마음이 기쁠 것이요
너희 기쁨을 빼앗을 자가 없으리라" 요16:22

민음의 사람은 하나님께 영혼을 맡깁니다.
영혼을 맡길 수 있는 믿음은 두려움을 이겨냅니다.
어떤 상황 속에서도 다른 사람의 말을 들어주고
사랑을 실천하는 마음의 여유가 있습니다.

"그러므로 하나님의 뜻대로
고난을 받는 자들은
또한 선을 행하는 가운데에
그 영혼을 미쁘신 창조주께
의탁할지어다" 벧전4:19

"구하라 그리하면 너희에게 주실 것이요

찾으라 그리하면 찾아낼 것이요

문을 두드리라 그리하면 너희에게 열릴 것이니" 마7:7

예수님도 최후의 고통 속에서

감당할 수 없는 상황에 이르렀을 때

아버지의 손에 영혼을 부탁했습니다.

"예수께서 큰 소리로 불러 이르시되

아버지 내 영혼을 아버지 손에 부탁하나이다 하고

이 말씀을 하신 후 숨지시니라" 눅23:46

믿음의 사람 스데반은 돌에 맞아 순교하면서

자신의 영혼을 받아달라고 부르짖었습니다.

"그들이 돌로 스데반을 치니 스데반이 부르짖어 이르되

주 예수여 내 영혼을 받으시옵소서 하고" 행7:59

사랑하는 이여, 무거운 짐이 있나요?
육체의 연약과 환경으로 인해 소망이 끊어지고
악인에 의해 진실과 자아가 무참히 짓밟힐지라도
안식, 승리, 기쁨을 주시는 주님께 맡깁시다.
원수를 갚는 것도 주님께 달려있습니다.


영원한 세계를 바라보고
영혼을 주께 맡길 수 있는 우리는
행복한 사람입니다.
환경만 보면 소망이 없지만
소망을 본 사람은 소망대로 이루어집니다.
형통한 길을 가며 민족과 가정과 나라를 살려내는
축복의 사람이 되길 주님의 이름으로 축원합니다.
할렐루야!

# 고난, 세상을 이기게 하는 견고한 사랑

베드로전서 5장

능하신
손 아래서
겸손하라

Message 13

베드로전서 5:1-6

1 너희 중 장로들에게 권하노니 나는 함께 장로 된 자요 그리스도의 고난의 증인이요 나타날 영광에 참여할 자니라 2 너희 중에 있는 하나님의 양 무리를 치되 억지로 하지 말고 하나님의 뜻을 따라 자원함으로 하며 더러운 이득을 위하여 하지 말고 기꺼이 하며 3 맡은 자들에게 주장하는 자세를 하지 말고 양 무리의 본이 되라 4 그리하면 목자장이 나타나실 때에 시들지 아니하는 영광의 관을 얻으리라 5 젊은 자들아 이와 같이 장로들에게 순종하고 다 서로 겸손으로 허리를 동이라 하나님은 교만한 자를 대적하시되 겸손한 자들에게는 은혜를 주시느니라 6 그러므로 하나님의 능하신 손 아래에서 겸손하라 때가 되면 너희를 높이시리라

빛처럼 흘러가는 나날 속에서 사명을 감당하고,
영원한 영광의 나라에서
영생 복락을 누릴 수 있는 우리는
행복한 사람입니다.

마음껏 주님을 믿고 예배드리기 위해
흩어진 나그네로 숨어 살았던 성도들은
신령한 가정을 이루었습니다.
현대 사회는 약육강식의 세계와 같이
능력 위주의 치열한 경쟁이 이루어집니다.
그러나 가정의 원리는 다릅니다.

교회는 가정처럼 약자가 보호받고

가진 자, 힘 있는 자가 더 헌신함으로 복을 받습니다.

하나님은 신령한 가정인 교회가

은혜롭게 유지되기 위해 직분자를 세워 주셨습니다.

초대교회는 성령과 지혜가 충만하고

칭찬받는 일곱 집사를 세웠습니다.

집사가 세워진 후 교회는 부흥했고

원망도 불평도 소외된 사람도 없었습니다.

"하나님의 말씀이 점점 왕성하여

예루살렘에 있는 제자의 수가 더 심히 많아지고

허다한 제사장의 무리도 이 도에 복종하니라" 행6:7

바울 사도는 각 성에 장로들을 세워

흩어져 신앙생활하는 성도들을 가르치도록 했습니다.

"내가 너를 그레데에 남겨 둔 이유는

남은 일을 정리하고 내가 명한 대로

각 성에 장로들을 세우게 하려 함이니" 딛1:5

장로는 교회의 지도자입니다.

목사도 장로요, 장로도 장로입니다.

베드로도 자신을 장로라고 했습니다.

"나는 함께 장로 된 자요 그리스도의 고난의 증인이요

나타날 영광에 참여할 자니라" 벧전5:1b


베드로 사도는 흩어진 나그네 속에

장로와 직분자로 세움 받은 자들에게

은혜의 부탁을 했습니다.

장로들은 양 무리의 본이 되어야 합니다.

"십자가의 도가 멸망하는 자들에게는 미련한 것이요

구원을 받는 우리에게는 하나님의 능력이라" 고전1:18

베드로는 십자가 현장의 증인입니다.

사건이나 환경을 목격한 사람은 진실한 증인이 됩니다.


장로는 예수님의 증인이요,

고난의 증인이며 십자가의 도를 전하는 증인입니다.

그리스도의 군사로서

고난을 각오하고 구원을 이루어가며

십자가를 지고 따르는 본을 보이는 자입니다.

"너는 그리스도 예수의 좋은 병사로

나와 함께 고난을 받으라" 딤후2:3

복음이 있는 곳에는 언제든지 고난이 찾아옵니다.

고난을 각오해야 사명을 감당할 수 있고

고난의 증인이 되어야 영광을 받을 수 있습니다.


"너희 중에 있는 하나님의 양 무리를 치되 억지로 하지 말고

하나님의 뜻을 따라 자원함으로 하며

더러운 이득을 위하여 하지 말고 기꺼이 하며" 벧전5:2

선한 목자이며 목자장이신 예수님은

교회와 성도들을 보호하기 위해

교역자와 장로들을 세우신 것입니다.

주의 일은 마음을 다해야 합니다.

구원받은 자는 택하신 족속이며 왕 같은 제사장입니다.

그러나 성령의 감동이 없으면 금방 지치고

사단의 도구가 될 수도 있습니다.

주의 일을 할 때

세속적 목적이 있거나 동기가 잘못되었다면

하나님 앞에 서야 하는 이들이 올무가 됩니다.

"제사장들아 이를 들으라 이스라엘 족속들아 깨달으라

왕족들아 귀를 기울이라 너희에게 심판이 있나니

너희가 미스바에 대하여 올무가 되며

다볼 위에 친 그물이 됨이라" 호5:1

직분자가 사명을 따라 살지 못하고

성도가 성도답게 살지 못하면

하나님의 영광을 가릴 수 있습니다.

지도자는 성도의 본이 되어야

복을 받습니다.

"맡은 자들에게 주장하는 자세를 하지 말고

양 무리의 본이 되라" 벧전5:3

지도자는 하나님 앞에서 평가받습니다.

"그리하면 목자장이 나타나실 때에

시들지 아니하는 영광의 관을 얻으리라" 벧전5:4

주님은 앞서가라 하시지 않고

나를 따라오라고 하십니다.


가정생활에 본이 되고

하나님과의 소통에 본이 되며

진리 안에서 인간관계에도 본이 되며

겸손의 본을 보여야 합니다.

성도가 행하는 모든 것은 하나님이 기억하십니다.

주님이 주시는 영광스러운 상급은
고난의 증인에게 주시는 큰 복입니다.
상급과 누림도 여러 가지가 있습니다.
하나님은 시험을 참고 시련을 견디며
죽기까지 충성하는 자에게
생명의 면류관을 약속했습니다.
"시험을 참는 자는 복이 있나니
이는 시련을 견디어 낸 자가
주께서 자기를 사랑하는 자들에게 약속하신
생명의 면류관을 얻을 것이기 때문이라" 약1:12
사명을 잘 감당한다면
영광의 금 면류관을 받을 수 있습니다.

"또 보좌에 둘려 이십사 보좌들이 있고

그 보좌들 위에 이십사 장로들이 흰 옷을 입고

머리에 금관을 쓰고 앉았더라" 계4:4

믿음의 선한 싸움을 싸우며 달려갈 길을 잘 마친 자에게는

의의 면류관이 예비되어 있습니다.

"이제 후로는 나를 위하여 의의 면류관이 예비되었으므로

주 곧 의로우신 재판장이 그 날에 내게 주실 것이며

내게만 아니라 주의 나타나심을 사모하는

모든 자에게도니라" 딤후4:8

상 받기 위해 모든 일에 절제하며

믿음의 경주를 하는 자들에게는

썩지 않는 면류관으로 보답하실 것입니다.

"이기기를 다투는 자마다 모든 일에 절제하나니

그들은 썩을 승리자의 관을 얻고자 하되

우리는 썩지 아니할 것을 얻고자 하노라" 고전9:25

성도들은 장로들에게 순종해야 합니다.

"젊은 자들아 이와 같이 장로들에게 순종하고

다 서로 겸손으로 허리를 동이라

하나님은 교만한 자를 대적하시되

겸손한 자들에게는 은혜를 주시느니라" 벧전5:5

"사무엘이 이르되

여호와께서 번제와 다른 제사를

그의 목소리를 청종하는 것을

좋아하심 같이 좋아하시겠나이까

순종이 제사보다 낫고

듣는 것이 숫양의 기름보다 나으니" 삼상15:22

성도의 순종은 최고의 능력입니다.

하나님의 말씀에 순종하면

하나님의 수준으로 결정할 수 있고

자신의 주관대로 결정하면

자신의 수준에 맞춰 살아갑니다.

하나님의 말씀에 순종하면

안전하고 평안합니다.

방종하거나 방탕하지 않고,

자존심을 부리거나 교만하지 않도록

겸손으로 자신을 단속하는 지혜가 필요합니다.

하나님은 겸손한 사람을 높이시고

교만한 자는 대적하십니다.

말씀 없이, 기도 없이 신앙생활 하면서

하나님 없이도 살 수 있다고 생각하는 삶의 방식이

바로 교민입니다.

"교만은 패망의 선봉이요

거만한 마음은 넘어짐의 앞잡이니라" 잠16:18

전능자의 대적이 되면 살아남을 수 없습니다.

개인, 가정, 나라 할 것 없이 그 존재가 사라집니다.

"그러므로 하나님의 능하신 손 아래에서
겸손하라 때가 되면 너희를 높이시리라" 벧전5:6
순종하며 잘 인내해야 합니다.

지혜로운 사람은 겸손히 순복하면서
때가 오기를 기다립니다.
순종하면
능하신 손으로 높이시고
존귀하게 사용하십니다.

열심을 내어 기도하길 바랍니다.
주어진 모든 환경을 긍정으로 바라보며
믿음으로 승리하는 복된 삶이 있기를
주님의 이름으로 축원합니다.
할렐루야!

근신하라
깨어라

Message

14

베드로전서 5:7-9

7 너희 염려를 다 주께 맡기라 이는 그가 너희를 돌보심이라 8 근신하라 깨어라 너희 대적 마귀가 우는 사자 같이 두루 다니며 삼킬 자를 찾나니 9 너희는 믿음을 굳건하게 하여 그를 대적하라 이는 세상에 있는 너희 형제들도 동일한 고난을 당하는 줄을 앎이라

믿음과 성령의 사람 베드로 사도는
편지를 통해 성도들을 위로하고 칭찬하며
여러 가지 삶의 지혜를 교훈했습니다.
행복한 삶을 위해 산 소망을 가지기를 바랐습니다.

전능자는 정금 같은 믿음을 주시기 위해
우리를 불로 연단하실 때가 있습니다.
연단을 잘 통과하면 영육의 승리를 얻습니다.
그 과정 가운데 하나님의 기적을 체험하고
예수 그리스도를 나타낼 수 있습니다.
우리에게 그러한 은혜를 주심을 믿습니다.

나의 삶의 결정권과 소유권을
하나님께 드릴 때 더 풍성한 삶을 살아갑니다.
아이가 아버지의 결정을 따르고
피조물이 조물주의 결정을 따르면
자신의 이성적 판단을 뛰어넘는
능력과 권세가 있습니다.
그러므로 그리스도를 따르는 길에
고난이 오더라도 이상히 여기지 말고
감사하라고 말씀하십니다.

예수 그리스도는 부활하심으로

사망의 권세를 멸하시고

구원의 은혜로 바꾸었습니다.

이 구원은 온 성도의

큰 기쁨과 능력과 권세입니다.

저는 탕자의 비유 속에서 늘 힘을 얻습니다.

부잣집에 두 아들이 있었습니다.

그 중 둘째 아들은 아버지에게 재산 중

자신에게 돌아올 분깃을 먼저 달라 하여

집을 나갔다가 다 탕진하여 돌아왔습니다.

아버지는 돌아온 그를 사랑으로 받아 주었습니다.

그러자 첫째 아들은 둘째 아들을 선대한 아버지가

오히려 자신을 차별했다고 생각해

아버지의 부름을 거절하고, 잔치 자리에 가지 않았습니다.

그 모습을 보고 저는 위로를 받았습니다.

이 아버지는 하나님의 모형입니다.

두 자녀에게 모두 외면당했습니다.

목회도 이와 같다는 생각을 합니다.

아무리 잘해 주고자 해도

복을 받으면 세상으로 나가기도 하고,

약자들을 돌보고 사랑하면

차별한다고 불만을 터뜨리기도 합니다.

그래서 오직 주님만 바라보자 다짐하고 나니

바람에 흔들리는 갈대를 보아도 그저 웃음만 납니다.

때를 기다려야 합니다.

기다리면 하나님이 높이실 때가 있습니다.

성도가 겸손하여 장로들에게 잘 순종하면

서로에게 누림이 있습니다.

이스라엘이 가나안에 들어갈 때

하나님은 모세의 말에 전적으로 순종하던

모세의 시종 여호수아를 지도자로 삼았습니다.

"너희 염려를 다 주께 맡기라

이는 그가 너희를 돌보심이라" 벧전5:7

염려는 자신의 방법으로 문제를 해결하려고

고심하는 것을 말합니다.

염려는 하나님의 주권을 믿지 않을 때

오는 마음입니다.

"그러므로 염려하여 이르기를

무엇을 먹을까 무엇을 마실까

무엇을 입을까 하지 말라

이는 다 이방인들이 구하는 것이라

너희 하늘 아버지께서

이 모든 것이 너희에게

있어야 할 줄을 아시느니라" 마6:31-32


"그러므로 내일 일을 위하여 염려하지 말라

내일 일은 내일이 염려할 것이요

한 날의 괴로움은 그 날로 족하니라" 마6:34

우리는 의식주로 염려하지 않아도 됩니다.

그 날의 괴로움은 그날로 족하다 했습니다.

염려는 그 무엇도 할 수 없게 만듭니다.

하나님의 존재를 믿고 성령의 인도를 받을 때

염려를 떨치고 깨어있을 수 있습니다.

"근신하라 깨어라 너희 대적 마귀가 우는 사자 같이
두루 다니며 삼킬 자를 찾나니" 벧전5:8
마귀는 자기에게 주어진 시간이
얼마 남지 않았다는 것을 알고
사람을 실족시키기 위해
배고픈 사자처럼 찾아다닙니다.

근신은 정욕, 감정, 염려를
자제하는 것을 뜻합니다.

깨어있으라는 말은
육신의 삶에서 성령의 삶으로
변화된 상태를 뜻합니다.
깨어있는 사람은
성령의 감동으로 살아갑니다.

마귀는 사자와 같이 잔인하게
성도를 강압하고 멸망시키려 합니다.
"이는 세상에 있는 모든 것이
육신의 정욕과 안목의 정욕과 이생의 자랑이니
다 아버지께로부터 온 것이 아니요
세상으로부터 온 것이라" 요일2:16
이 세상의 모든 것이 우리를 유혹합니다.

사탄은 사람에게 꼭 필요한 것으로 유혹합니다.
마귀는 간교하여 말씀을 변경시키고
무신론, 진화론, 사회주의 사상을 이용해
간교한 뱀 같이 하나님을 곡해합니다.
때로는 광명한 천사로 화려함을 가지고 다가옵니다.
"이것은 이상한 일이 아니니라
사탄도 자기를 광명의 천사로 가장하나니" 고후11:14
그러나 말씀과 기도로 깨어있으면
마귀를 분별하고 물리칠 수 있습니다.

당신은 무엇이 필요한가요?

무엇을 좋아하나요?

무엇을 싫어하나요?

마귀는 그것으로 당신을 시험할 것입니다.

마귀는 우리의 대적입니다.

"믿음의 선한 싸움을 싸우라 영생을 취하라

이를 위하여 네가 부르심을 받았고

많은 증인 앞에서 선한 증언을 하였도다" 딤전6:12

◆

수년 전 1톤 정도의 옷을 장장 한 달에 걸쳐
북한으로 보낸 일이 있습니다.
그 옷은 중국을 통해 북한의 한 지역에 도착해서
주민들에게 잘 전달되었습니다.
6.25전쟁 이후 우리나라가 황폐해졌을 때는
외국에서 많은 옷을 교회로 보내어,
필요한 사람에게 나누어주었습니다.
그 고마운 물자에 복음이 붙어 있었습니다.
이것이 선한 싸움입니다.


우리는 말로만 북한을,
어려운 이웃을 위한다고 할 것이 아니라
진리대로 행해야 합니다.
모두가 하나님께 칭찬받아야 합니다.

마귀는 요즘 교회마다 들어가서

원망하고 불평하고 예배에 집중하지 못하는 이들을

도구로 삼아 일합니다.

믿음으로 굳게 서 마귀를 대적해야 합니다.

말씀이 확고해야 합니다.

좋은 소문, 진리의 말씀을 들어야 합니다.

하나님의 말씀의 힘으로 마귀를 이겨야 합니다.

고난을 각오하고 십자가를 질 때

마귀의 올무에 걸리지 않습니다.

"진실로 너희에게 이르노니

여기 서 있는 사람 중에 죽기 전에

인자가 그 왕권을 가지고 오는 것을 볼 자들도 있느니라" 마16:28

악한 영과의 싸움이 세계교회 가운데 계속 일어납니다.

사탄은 소외된 사람, 불평하는 사람을 찾아서

자기 사람으로 사용하려 합니다.

"너희는 믿음을 굳건하게 하여 그를 대적하라

이는 세상에 있는 너희 형제들도

동일한 고난을 당하는 줄을 앎이라" 벧전5:9

깨어 기도함으로 승리를 체험하시길

주의 이름으로 축원합니다.

할렐루야!

# 이 은혜에
# 굳게 서라



Message

베드로전서 5:10-14

**10** 모든 은혜의 하나님 곧 그리스도 안에서 너희를 부르사 자기의 영원한 영광에 들어가게 하신 이가 잠깐 고난을 당한 너희를 친히 온전하게 하시며 굳건하게 하시며 강하게 하시며 터를 견고하게 하시리라 **11** 권능이 세세무궁하도록 그에게 있을지어다 아멘 **12** 내가 신실한 형제로 아는 실루아노로 말미암아 너희에게 간단히 써서 권하고 이것이 하나님의 참된 은혜임을 증언하노니 너희는 이 은혜에 굳게 서라 **13** 택하심을 함께 받은 바벨론에 있는 교회가 너희에게 문안하고 내 아들 마가도 그리하느니라 **14** 너희는 사랑의 입맞춤으로 서로 문안하라 그리스도 안에 있는 너희 모든 이에게 평강이 있을지어다

이 세상에 점점 불신앙이

뿌리깊게 자라나고 있습니다.

공중의 권세 잡은 악한 영은

불순종하는 이들의

지식, 생각, 말과 행동을 주관해

육체의 욕심을 따라 본능대로 살아가게 함으로

의의 사역을 대적합니다.

본능에 사로잡혀 있는 흉악의 결박을 끊으려면

사람을 창조하신 전능자의 개입이 필요합니다.

"내가 기뻐하는 금식은 흉악의 결박을 풀어 주며

멍에의 줄을 끌러 주며 압제 당하는 자를 자유하게 하며

모든 멍에를 꺾는 것이 아니겠느냐" 사58:6

베드로는 전능하신 하나님의 손 아래서 겸손하고
모든 염려를 다 주님께 맡기라고 했습니다.
염려는 불신앙이며 불순종입니다.
그러나 한편 너무 걱정없이 평안하여
하나님을 잊어버리고
그 능력을 무시하는 마음이 든다면 교만입니다.
때로는 염려가 오히려 기도와 겸손의 씨가 됩니다.
"네 마음이 교만하여 네 하나님 여호와를
잊어버릴까 염려하노라" 신8:14a


사탄은 믿음의 사람을 넘어뜨리기 위해
소유욕, 명예욕, 정욕, 쾌락으로 유혹하며
우는 사자같이 삼킬 자를 찾고 있습니다.
그러므로 근신하고 깨어있어야 합니다.

인생의 가장 안전한 요새와 포구는

전능자의 말씀 안에 거하는 것이며

가장 고상하고 높은 지식은

하나님의 말씀을 실천하는 것입니다.


믿음에 굳게 서서 바른 역사를 보아야 합니다.

인간관계도 서로의 신뢰가 약해지면

쉽게 깨질 수 있는 것과 같이

믿음이 약해지면 마귀의 미혹을 받습니다.

믿음의 기초는 하나님의 말씀을 듣는 것입니다.

"그러므로 믿음은 들음에서 나며

들음은 그리스도의 말씀으로 말미암았느니라" 롬10:17

말씀을 잘 듣고 바르게 깨달아야 합니다.

하나님께서는 사랑하는 자들에게

그리스도를 알게 하십니다.

믿는 자의 고난은 잠깐입니다.

"모든 은혜의 하나님 곧 그리스도 안에서 너희를 부르사

자기의 영원한 영광에 들어가게 하신 이가

잠깐 고난을 당한 너희를 친히 온전하게 하시며

굳건하게 하시며 강하게 하시며

터를 견고하게 하시리라" 벧전5:10


은혜의 하나님은

사랑하는 자들을 믿음의 시련으로 불 같이 연단하십니다.

그러나 보호의 은총 가운데 고난을 통과하면

영원한 영광과 누림이 있습니다.

세상에서 머무는 것은 잠깐이요,
그 삶에서의 고난은 아주 잠깐입니다.
"우리가 잠시 받는 환난의 경한 것이
지극히 크고 영원한 영광의 중한 것을
우리에게 이루게 함이니" 고후4:17
하나님이 허락하신 고난의 복적을 안다면
범사에 감사할 수밖에 없습니다.

다니엘은 사자굴에서 고난의 때를 지난 후
오랜 시간 평안을 누렸고
요셉은 젊은 시절, 불 같은 시험을 지난 후에
애굽의 총리로서 누림의 삶을 살았습니다.
하나님은 믿는 자의 영육을 온전케 하시고
고매한 인격을 만들기 위해 고난을 주십니다.

"내 형제들아 너희가 여러 가지 시험을 당하거든
온전히 기쁘게 여기라 이는 너희 믿음의 시련이
인내를 만들어 내는 줄 너희가 앎이라
인내를 온전히 이루라 이는 너희로 온전하고 구비하여
조금도 부족함이 없게 하려 함이라" 약1:2-4

하나님은 연단을 통해
흔들리는 믿음을 요동하지 않게 하시고
강하고 능력 있게 하십니다.
"권능이 세세무궁하도록
그에게 있을지어다
아멘" 벧전5:11

하나님은
고난을 통해 보호하시고
그분의 온전한 권능은
세세토록 기억됩니다.

253.

하늘에서 주시는 권세는 영원하므로

세상의 그 어떤 것과도 바꿀 수 없습니다.

그 소중함을 알 때

마귀의 유혹을 이길 수 있습니다.

인간의 능력으로는 한계가 있지만

하나님의 사랑 안에만 거하면

믿음을 회복하고 끝까지 인내할 수 있습니다.

베드로는 도움에 대해 감사하며

서로 화목하기를 부탁했습니다.

"내가 신실한 형제로 아는 실루아노로 말미암아

너희에게 간단히 써서 권하고

이것이 하나님의 참된 은혜임을 증언하노니

너희는 이 은혜에 굳게 서라" 벧전5:12

우리에게 은혜를 주심은 예수님을 믿을 뿐 아니라

고난도 받게 하려 함입니다.

고난은 상급으로 연결되어 있으므로

받은 은혜를 기억하며 감사해야 합니다.

"택하심을 함께 받은 바벨론에 있는 교회가

너희에게 문안하고

내 아들 마가도 그리하느니라" 벧전5:13

마가는 바울과 바나바의 선교로 인한

다툼의 중간에 있었던 사람입니다.

그러나 마가가 회개한 이후에는

바울에게도 유익한 사람이 되었고

베드로에게도 귀한 사람이 되었습니다.

"너희는 사랑의 입맞춤으로 서로 문안하라

그리스도 안에 있는 너희 모든 이에게

평강이 있을지어다" 벧전5:14

사랑의 입맞춤으로 문안하라는 것은

뜨겁게 사랑하는 마음으로 인사하고

수고한 사람들의 수고를 알아주어

인간관계를 아름답게 하라는 말씀입니다.

그리스도 안에 있는 평강이 있으면
세상을 이길 수 있습니다.



평강은 은혜를 받은 사람이
고난 중에 누리는 마음의 열매입니다.
"이것을 너희에게 이르는 것은
너희로 내 안에서 평안을 누리게 하려 함이라
세상에서는 너희가 환난을 당하나
담대하라 내가 세상을 이기었노라" 요16:33

참 평안을 가지고 세상을 이기고
사랑할 수 없는 사람까지도 사랑하며
견딜 수 없는 환경까지도 잘 견뎌내고
부활의 영광까지 참여하는
굳건한 믿음의 성도들이 되기를
주님의 이름으로 축원합니다.
할렐루야!

부 록

# 내 영혼의 찬송

권태진 목사가 작사한 찬송 모음

아침 하늘 햇살에
어둠이 걷히고
밤하늘의 추억들은
조용히 잠이 들었네


간절한 기도소리
거룩한 향기되어
보좌를 움직인다

# 아침 하늘 빛 받아

권태진 작사
문성모 작곡

보통으로

263.

주님만이 힘이신 것
체험하며 살아가요
가슴으로 흐른 눈물
말씀으로 닦아내며


하늘 위로 채워주신
주님 사랑 감사해요

# 광야의 노래

권태진 작사
문성모 작곡

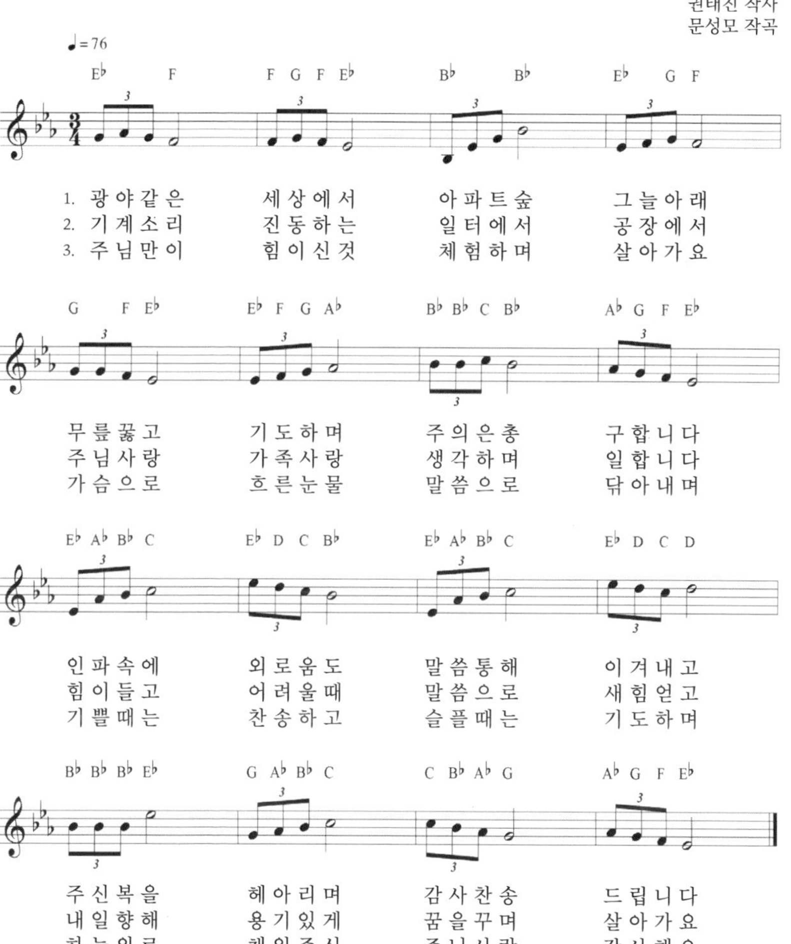

★

환난 고통 찾아와도

주님만을 의지하면

무거운 짐 벗고 기쁨의 날 찾아온다


할렐루야!

주님 나의 목자시니

부족함이 전혀 없네

# 환난 고통 찾아와도

권태진 작사
문성모 작곡

새벽이슬 같은 성령의 은혜

메마른 땅 위에 임하소서

어두움 가득한 세상 위에

주의 뜻을 이루소서


절망의 땅 단비 내려

희망의 꿈 꽃피우게 하옵소서

# 새벽이슬 같은 성령의 은혜

권태진 작사
문성모 작곡

빛 되신 주 이곳에

말씀으로 임하소서

흑암 속에 헤메는 우리를 구하소서


사랑으로 오소서

이 세상 죄와 허물

주님의 보혈로 씻으소서

# 빛 되신 주 이곳에

권태진 작사
문성모 작곡

1. 빛 되신 주 이곳에 말씀으로 임하소서
2. 거룩한 빛 주 예수 길과 진리 되시오니
3. 주의 길을 떠나서 죄악 중에 빠진 영혼

흑암 속에 헤매는 우리를 구하소서 -
죄악 중에 길 잃은 우리를 구하소서 -
주의 손을 펼치사 구원해 주옵소서 -

하나님 아버지여 사랑으로 오 - 소서
생명의 주 예수여 주의 뜻을 밝 - 히사
보혜사 성령이여 성령 충만 주 - 셔서

이 세상의 죄와 허물 주님의 보혈로 씻으소서
주의 교회 회복하여 영광을 돌리게 하옵소서
주의 몸 된 교회들이 하늘 뜻 이루게 하옵소서

# 영광스러운 고난

**지은이** 권태진
**초판발행** 2020년 10월 15일

**등록번호** 제 2003-6호
**등록된 곳** 경기도 군포시 군포로 487, 402호
**발행처** 성빛출판사
**전화** 031-397-6754    **팩스** 031-397-9241
**이메일** sungbitbooks@gmail.com
**홈페이지** www.sungbit.com

**ISBN** 978-89-87187-36-5 (03230)